HERDER / SPEKTRUM *MEISTERDENKER*

HERDER / SPEKTRUM

Das Buch

René Descartes' (1596–1650) Schaffenszeit war bemerkenswert kurz, und das Werk, das er hinterlassen hat, ist entsprechend klein. Dennoch gilt er als der „Vater der neuzeitlichen Philosophie", und seine Beiträge zur Philosophie und zu den Naturwissenschaften wirken bis auf den heutigen Tag nach. Am bekanntesten ist vermutlich seine Feststellung „Cogito, ergo sum". Dieser kleine Satz ist der Grundstein seiner Metaphysik, und durch eine Kombination von „unmittelbarer Erkenntnis" und „Deduktion" leitete er von dem Prinzip des „Cogito" zuerst die Existenz Gottes und dann die Wirklichkeit der Außenwelt ab.

Aber Descartes wollte nicht, daß die Metaphysik außerhalb seiner naturwissenschaftlichen Arbeit stehen sollte, zu der wichtige Untersuchungen auf den Gebieten der Physik, Mathematik, Psychologie und Optik gehörten. In diesem Buch zeigt Tom Sorell, daß Descartes vor allem ein Verfechter und Praktiker eines neuen mathematischen Ansatzes in der Physik war und daß er seine Metaphysik entwickelte, um sein naturwissenschaftliches Programm zu unterstützen. So hat zwar Descartes maßgeblich zu unserem dualistischen Weltbild beigetragen, allerdings kam es ihm darauf an zu zeigen, daß in beiden Welten, in der geistigen Innenwelt und in der körperlichen Außenwelt, *eine* Vernunft herrscht.

Der Autor

Tom Sorell ist Professor für Philosophie an der University of Essex. Er ist Autor von *Hobbes* (1986), *Moral Theory and Capital Punishment* (1987), *Scientism* (1991) sowie Herausgeber von *The Rise of Modern Philosophy* (1993) und *The Cambridge Companion to Hobbes* (1995).

Tom Sorell

Descartes

Aus dem Englischen
von Reiner Ansén

Herder
Freiburg · Basel · Wien

Wissenschaftliche Beratung dieses Bandes:
PD Dr. Karlfriedrich Herb

Dieser Band, zuerst auf englisch publiziert,
erscheint mit freundlicher Genehmigung von Oxford University Press.

Deutsche Erstausgabe

Genehmigte Lizenzausgabe Panorama Verlag, Wiesbaden
Lektorat: Lukas Trabert
Satz: DTP-Studio Helmut Quilitz
Druck und Bindung: GGP Media, Pößneck
Umschlaggestaltung: Joseph Pölzelbauer
Umschlagmotiv: Gemälde von Frans Hals, um 1649, Kopenhagen,
Statens Museum for Kunst, Herder Bildarchiv.
ISBN 3-926642-40-8

Inhalt

Für Alison

Texte und Übersetzungen

Die Zitatnachweise beziehen sich im folgenden auf Band- und Seitenzahl der Standardausgabe von Descartes' Werken von Adam et Tannery (Paris: Vrin 1964–75). Die Seitenzählung dieser Ausgabe wird in den meisten deutschen Übersetzungen vermerkt. Die wichtigsten Werke Descartes' liegen in (z.T. revisionsbedürftigen) deutschen Übersetzungen in der Philosophischen Bibliothek des Meiner Verlages, Hamburg, vor, die *Meditationen* auch bei Reclam, Stuttgart.

1. Materie und Metaphysik

René Descartes begann spät mit seiner philosophischen und wissenschaftlichen Arbeit, und es blieb ihm nicht viel Zeit, sie voranzutreiben. Vor dem Jahr 1628, seinem dreiunddreißigsten Lebensjahr, kam er überhaupt nicht zu kontinuierlicher Forschung auf den Gebieten der Philosophie und der Naturwissenschaften, und es vergingen dann weitere neun Jahre, bevor er etwas veröffentlichte; sein letztes Werk zu Lebzeiten erschien 1649, gerade einmal zwölf Jahre nach dem ersten. Descartes hinterließ kein sehr umfangreiches Œuvre, aber er lieferte dennoch grundlegende Beiträge zu Physik, Mathematik und Optik und machte nützliche Beobachtungen auf anderen Gebieten, vor allem in der Meteorologie und der Physiologie. Hätte er sich auf die Naturwissenschaften beschränkt, seine Leistungen wären bemerkenswert genug gewesen. Aber Descartes' Horizont war viel weiter gespannt.

Am besten kennt man ihn wohl als den Mann, der gesagt hat: „*Cogito, ergo sum*" – „Ich denke, also bin ich". Diese kleine Schlußfolgerung bildet das erste Prinzip seiner Metaphysik oder seiner Ersten Philosophie, seiner Theorie dessen, was wir wissen müssen, wenn eine abgesicherte und exakte Wissenschaft überhaupt möglich sein soll. Seine metaphysische Theorie ist ausgesprochen fein gesponnen, und ihr Einfluß auf die Philosophie bis zum heutigen Tag ist kaum zu überschätzen. Seine Metaphysik ist wohl das, was von Descartes' geistigen Leistungen vor allem bleiben wird. Aber eigentlich sollte sie gar nicht von seinem wissenschaftlichen Werk getrennt dastehen, und noch weniger hätte Descartes gebilligt, daß sein philosophisches Werk einmal sein wissenschaftliches in den

Schatten stellen würde. Als er sich in den ersten Jahren seiner produktiven Zeit der Metaphysik zuwandte, entwickelte er eine Theorie, deren einziges Ziel es war, die Grundlagen seiner mathematischen Physik klar zu formulieren. Mit Hilfe einer äußerst komplizierten und sehr abstrakten Argumentation wollte Descartes beweisen, daß nur solche Eigenschaften für die Materie wesentlich sind, die in der Geometrie ohne weiteres verstanden werden, nämlich Länge, Tiefe und Breite, und daß wir zur Erklärung natürlicher Erscheinungen lediglich diese geometrischen Eigenschaften und die Bewegung benötigen.

Die geometrische Physik begann nicht erst mit Descartes, und er war nicht ihr einziger Vertreter. Galilei hatte mit der Formulierung des allgemeinen Ansatzes Pionierarbeit geleistet, war jedoch nach Descartes' Ansicht nicht streng genug vorgegangen. „Er hat ohne Fundament gebaut", schrieb Descartes in einem Brief vom Oktober 1638 und fügte hinzu: „ohne die Primärursache der Natur in Erwägung zu ziehen, suchte er bloß nach den Gründen für einige spezielle Wirkungen." (2, 380) Descartes selbst befaßte sich in seiner Metaphysik mit der Primärursache der Natur: Gott; seine Physik leitete die Ursachen der allgemeinsten Naturerscheinungen ab – Wirkungen wie etwa die Beschleunigung oder die Deformation von Körpern durch Zusammenstoß – und stellte Hypothesen über die Ursachen vieler anderer natürlicher Phänomene auf.

Descartes war sich sehr wohl bewußt, daß seine Art der Erklärung sich ziemlich weit sowohl vom gesunden Menschenverstand wie auch von der herkömmlichen Physik entfernte. Sie paßte nicht zu dem, was die menschlichen Sinne von den natürlichen Erscheinungen wahrnehmen. Descartes' Physik war aus mathematischen Tatsachen über materielle Gegenstände erschaffen, aus Tatsachen über Größe, Form, Zusammensetzung und Geschwindigkeit, die auch ein Geist mit anderen als unseren Sinneserfahrungen wahrnehmen könnte, ja selbst ein Geist, der über gar keine Sinneserfahrungen verfügt. Mit anderen Arten von Tatsachen über körperliche Gegenstände, z. B. Farbe oder Geruch, die den menschlichen

Sinnesvermögen direkt zugänglich *sind*, wurde anders verfahren. Descartes erklärte sie mit Hilfe seiner bevorzugten Begriffe der Größe, Form und Geschwindigkeit materieller Gegenstände und ihrer Wirkungen auf die Sinnesorgane. Daraus ergab sich schließlich eine Theorie, die unterschied zwischen solchen Eigenschaften, die körperliche Objekte von sich aus besitzen (wie Form und Größe), und Eigenschaften, die körperliche Objekte nur zu besitzen scheinen (wie Farbe, Geruch und andere sinnliche Qualitäten).

Descartes unterschied zwischen einer auf Sinneswahrnehmung gründenden Auffassung der Welt und einer strengeren mathematischen Auffassung und vertrat die Ansicht, daß letztere die objektivere von beiden sei. Diese Ansicht teilten auch die anderen Anhänger dieser neuen Wissenschaft. Die Überlegenheit der mathematischen Auffassung der Welt suchten sie nicht selten durch die Behauptung zu verdeutlichen, sie sei der Auffassung Gottes ähnlich. Descartes jedoch blieb nicht bei solchen verschwommenen Aussagen über eine gottgleiche Perspektive stehen, sondern führte die Unterschiede zwischen der auf den Sinnen basierenden und der mathematischen Auffassung der materiellen Welt aus. Er zeigte, daß erstere systematisch in Zweifel gezogen werden konnte, während letztere frei von allen Unsicherheiten war, und er schlug eine Methode vor, mit deren Hilfe man sich von der sinnlichen Auffassung lösen und sich die objektivere zu eigen machen könnte.

Bei der Anwendung dieser Methode gelangte Descartes selbst auf verschiedenen Gebieten der Naturwissenschaften und in der Mathematik zu beeindruckenden Ergebnissen. Andere Forscher wie Bacon oder Galilei konnten in dieser Hinsicht nur zum Teil mit ihm Schritt halten. Bacon entwickelte zwar eine Methode, um den Beschränkungen des Alltagsverstandes und der herkömmlichen Physik entgegenzuarbeiten, aber seine Zweifel an der sinnlichen Welt reichten längst nicht so weit wie diejenigen Descartes'. Bacon schuf Raum für eine objektivere Naturauffassung, betrachtete diese aber nicht als im wesentlichen mathematische. Galilei wiederum tat diesen Schritt, verfügte aber über keine wirkliche

Theorie, um zu erklären, weshalb der mathematische Ansatz so gut mit der physischen Welt zusammenstimmte. Diese noch fehlende Theorie lieferte erst die Cartesische Metaphysik. Ihr zufolge ist der menschliche Geist von Gott so geschaffen, daß er vollkommene Gewißheit über materielle Dinge erlangen kann, wenn er diese nur mathematisch auffaßt; Gott hat nach dieser Theorie die Macht, zu erschaffen, was immer wir mit Gewißheit aufzufassen in der Lage sind, und Gott, so heißt es, ist zu wohlmeinend, um den menschlichen Geist dort in Irrtum zu stürzen, wo er mit Gewißheit die mathematische Natur der Materie erfaßt.

Diese Erklärung der Harmonie zwischen Materie und Mathematik dürfte uns heute kaum noch vertraut oder überzeugend vorkommen. Aber wir brauchen auch gar nicht mehr von der Brauchbarkeit der mathematischen Physik überzeugt zu werden. Deren durchschlagender Erfolg als Instrument der Messung, Vorhersage und Kontrolle hat seit dem 17. Jahrhundert jede Theorie überflüssig gemacht, die erst beweisen will, daß eine mathematische Physik möglich ist. Descartes' Formulierung einer solchen Theorie bereitete jedoch den Boden für einige der nachfolgenden bahnbrechenden Forschungsergebnisse, auf denen unser Vertrauen in die moderne Wissenschaft von der Materie beruht.

Heute befaßt man sich eher mit der Metaphysik Descartes' als mit seiner besonderen Version der mathematischen Physik, denn seine kühnsten Spekulationen auf dem Gebiet der Naturwissenschaften waren schon Jahrzehnte nach seinem Tod überholt. Aber die Forschungen, die diese Spekulationen hervorbrachten, und deren Ausarbeitung selbst beschäftigten Descartes während des größten Teils seines produktiven Lebens. Seine Arbeit wurde eher von wissenschaftlichen als von philosophischen Fragen beherrscht. Für ihn hatten beide viel gemein, und er hatte ganz bestimmte Vorstellungen über die Reihenfolge, in der sie angegangen werden sollten. Schließlich war er der festen Überzeugung, daß er selbst die meisten dieser Fragen würde beantworten können.

2. Die Entdeckung einer Berufung

Allem Anschein nach ist es einem reinen Zufall zu verdanken, daß Descartes je genug Selbstvertrauen oder genügend Begeisterung entwickelte, um sich ausdauernd an das Forschungsprogramm zu machen, das er schließlich in Angriff nahm. Er wurde am 31. März 1596 in der Touraine in Nordwest-Frankreich geboren. Sowohl sein Großvater wie sein Urgroßvater väterlicherseits waren Ärzte gewesen, aber sein Vater war Anwalt und Magistrat. Sein Großvater mütterlicherseits hatte in Poitiers ein hohes öffentliches Amt bekleidet. Andere Verwandte seiner Mutter waren anscheinend beamtete Juristen. Die Familie seines Vaters gehörte zum niederen Adel, die seiner Mutter stand ihr im gesellschaftlichen Ansehen kaum nach. Beide Familien waren wohlhabend und gebildet, zeigten aber keine wissenschaftlichen Neigungen. Nichts in seinen frühen Jahren weist auf Descartes' spätere Laufbahn hin.

Wahrscheinlich im Alter von etwa zehn Jahren wurde der junge René auf das Jesuitenkolleg von La Flèche im Anjou geschickt, wo er acht Jahre lang blieb und seine ersten Kenntnisse in den Wissenschaften erwarb. In den beiden letzten Unterrichtsjahren standen Mathematik und Physik auf dem Lehrplan; für die Mathematik hatte er eine besondere Begabung. Gelehrt wurde allerdings nicht die Art von Physik, die auf mathematischen Ergebnissen aufbaut; vielmehr wurde Descartes mit der scholastischen Theorie des natürlichen Unterschiedes und der natürlichen Veränderung konfrontiert, einer Lehre, die qualitativ beschriebene Beobachtungen in dunklen, abstrakten und nicht-quantitativen Begriffen zu verstehen suchte.

Der Unterricht in scholastischer Physik ging in den Jesuitenschulen des frühen 17. Jahrhunderts durchaus mit einem Bewußtsein der Veränderungen in der Astronomie einher, die sich aus einem ganz anderen, mathematischen Ansatz der Naturforschung ergeben hatten. So wurde z.B. 1611 an der Schule in La Flèche Galileis Entdeckung der Jupitermonde mit einer Feier begangen. Die Jesuiten waren möglicherweise sogar aufgeklärt genug, den Schülern die neu entwickelten optischen Instrumente zugänglich zu machen, die schon ab 1609 in Paris verkauft wurden. Im Klassenzimmer scheint jedoch die abgestandene scholastische Theorie vermittelt worden zu sein, und Descartes langweilte sich. Jedenfalls schrieb er das später. Im quasi autobiographischen *Discours de la Méthode* von 1637 vermittelt er den Eindruck, unter seiner Schulzeit eher gelitten als von ihr profitiert zu haben. Nur die Mathematik, die er in La Flèche lernte, nützte ihm in seinen späteren Forschungen, und selbst sie mußte zu diesem Zweck, wie er behauptete, erst umgearbeitet werden. Anscheinend erwachte sein Interesse an den Fragen, mit denen er sich in seinen Schriften auseinandersetzte, nicht in La Flèche, sondern erst fünf Jahre später in Holland.

Wir wissen wenig über die Zeit zwischen 1614, als Descartes La Flèche verließ, und 1618, als er in Holland eintraf. Es gibt Belege dafür, daß er 1616 in Poitiers einen juristischen Abschluß machte, so wie es schon sein älterer Bruder Pierre einige Jahre zuvor getan hatte. Der Vater ermöglichte Pierre eine Karriere als Jurist, während er für René eine militärische Laufbahn vorgesehen zu haben scheint. Descartes ging 1618 nach Breda in Holland und trat als Freiwilliger dem Heer des niederländischen Prinzen Maurits von Nassau bei. Er wurde Offiziersanwärter in einer Armee, die zugleich als Militärakademie für junge Adlige des ganzen Kontinents diente.

Im Alter von zweiundzwanzig Jahren freundete er sich in Breda mit einem etwa acht Jahre älteren Doktor namens Isaac Beeckman an. Beeckman war ein Gelehrter mit weitgespannten wissenschaftlichen Interessen, und er übte auf den Jüngeren beträchtlichen

Einfluß aus. In einem Brief schrieb Descartes 1619 an Beeckman: „Um die Wahrheit zu sagen, warst es recht eigentlich Du, der mich aus meiner Trägheit riß und mir die Dinge in Erinnerung rief, die ich einst gelernt und beinahe vergessen hatte; wann immer mein Geist von den ernsten Dingen abschweifte, hast Du mich auf den rechten Pfad zurückgeführt." Mit ‚ernsten Dingen' scheint er eine Reihe abstruser Fragen in der reinen und angewandten Mathematik gemeint zu haben; in den erhaltenen Briefen zwischen Descartes und Beeckman aus dieser Zeit ist von wenig anderem die Rede, und sie scheinen dort anzuknüpfen, wo vorhergehende Gespräche zwischen ihnen abgebrochen worden waren. Einer dieser Briefe betrifft mathematische Beziehungen zwischen den Tönen in Liedern für eine Stimme; in einem anderen Brief erklärt Descartes, er habe innerhalb von sechs Tagen die Lösungen für vier seit langem bekannte mathematische Probleme gefunden. Er vertraute Beeckman auch seine Absicht an, „der Öffentlichkeit eine völlig neue Wissenschaft zu geben", mit deren Hilfe sich jedes arithmetische oder geometrische Problem gleichermaßen lösen lasse. Um diese Zeit also entwickelte Descartes eine wirkliche Begeisterung für wissenschaftliche Fragen.

Die Korrespondenz mit Beeckman begann, als Descartes Ende April 1619 Breda verließ, um nach Kopenhagen zu gehen. Um den Truppenbewegungen kurz nach Ausbruch des 30jährigen Krieges auszuweichen, legte er sich von dort aus eine komplizierte Route über Amsterdam und Danzig, durch Polen und schließlich durch Österreich und Böhmen zurecht. Seine Briefe zeigen, daß er zur Zeit seiner Abreise intensiv mit mathematischen Problemen beschäftigt war. Statt sich nun im Verlauf seiner Reise anderen Dingen zuzuwenden, scheint er sich immer tiefer in seine Gedanken versenkt zu haben. Auch änderte er offenbar seine Reiseroute, denn ohne überhaupt Zeit gehabt zu haben, über Polen, Ungarn, Österreich und Böhmen zu reisen, traf er im September 1619 in Frankfurt ein, gerade rechtzeitig, um der Krönung von Kaiser Ferdinand II. beiwohnen zu können.

Er unterbrach seine Reise für den Winter in Deutschland, wahrscheinlich in der Nähe von Ulm. Die Forschungen, mit denen er sich so eingehend beschäftigt hatte, dürften hier beinahe zu einer Obsession geworden sein. Jedenfalls soll Descartes am 10. November 1619, eingeschlossen in ein ofenbeheiztes Zimmer, eine Tagtraumvision und in der folgenden Nacht drei Träume gehabt haben, die er als göttliche Offenbarung seines Auftrages ansah: Sein Lebenswerk sollte in der Entfaltung einer *scientia mirabilis*, einer wunderbaren Wissenschaft, bestehen.

3. Eine Wissenschaft, eine Methode

Es ist nicht überliefert, was Descartes in seiner Tagtraumvision gesehen hat, und die Darstellung, die er in seinen persönlichen Notizbüchern von seinen Träumen gibt, ist derart stilisiert und bruchstückhaft, daß eine verläßliche Deutung unmöglich scheint. Wahrscheinlich ist jedoch, daß ihm damals zu dämmern begann, daß viele Wissenschaften, die bislang als grundverschieden betrachtet wurden, unter dem Dach der Mathematik zu vereinigen waren. Die Liste dieser Wissenschaften schloß auch die vier Wissenschaften ein, die traditionell unter dem *Quadrivium* aufgeführt wurden, nämlich Arithmetik, Geometrie, Musik und Astronomie, und dazu noch Optik, Mechanik und einige weitere.

Wir können aus einer ganzen Reihe von Quellen schließen, daß Descartes sich, nachdem er Breda verlassen hatte, immer intensiver mit der Möglichkeit einer Leitwissenschaft oder wissenschaftlichen Leitmethode befaßte. In einem Brief an Beeckman vom April 1619 aus Amsterdam berichtet er von der Begegnung mit einem Gelehrten, der behauptete, die Methode von Raimundus Lullus' *Ars Parva* so erfolgreich anwenden zu können, daß er ohne weiteres über jeden nur denkbaren Gegenstand eine Stunde sprechen könne. Lullus hatte im 13. Jahrhundert über die Universalwissenschaft geschrieben. Descartes nahm diese Behauptung ernst genug, um Beeckman zu bitten, sich der Sache anzunehmen und ihm mitzuteilen, ob das Werk von Lullus tatsächlich so außerordentlich sei. Er hatte Beeckman zuvor schon über seine eigene Vision einer Wissenschaft berichtet, in der sich Algebra und Geometrie miteinander vereinigen ließen; daher mag er zu dieser Zeit schon besonders hellhörig gewesen sein für die Idee einer Methode, mit deren Hilfe Entdeckungen auf allen möglichen Gebieten gemacht werden konnten oder die wenigstens erlaubte, mit Verstand über jeden beliebigen Gegenstand zu reden.

Bei seiner Suche nach einer Leitmethode blieb er nicht bei Lullus stehen. Er liebäugelte zeitweilig mit dem Rosenkreuzertum, das man im Besitz einer Art verstehender Zusammenschau glaubte. Während seines Aufenthaltes in der Nähe von Ulm kam Descartes in Kontakt mit einem Mathematiker namens Johann Faulhaber, einem Rosenkreuzer, der ihm möglicherweise etwas von den Geheimlehren der Sekte mitteilte. Um sich gegen die Beschuldigung zu wehren, selbst der verbotenen Bruderschaft anzugehören, sagte Descartes in späteren Jahren, daß er in den Lehren dieser Sekte nichts Gewisses finden könne. Aber das war später. Direkt nach dem Kontakt mit Faulhaber distanzierte sich Descartes durchaus nicht von den Rosenkreuzern. In fragmentarischen Eintragungen in seine Notizbücher aus der Zeit, als er Deutschland verlassen hatte, ist die Rede von einem geplanten Werk, in dem er „die Mittel zur Lösung aller Probleme in der Wissenschaft der Mathematik" darlegen wollte. „Dieses Werk", fährt er fort, „soll allen Gelehrten in der ganzen Welt vorgelegt werden, insbesondere den ehrenwerten Brüdern vom Rosenkreuz in Deutschland." (10, 214)

Im fraglichen Notizbuch spricht Descartes auch von einer den Wissenschaften zugrundeliegenden Einheit: „Könnten wir einsehen, wie die Wissenschaften miteinander zusammenhängen, so fiele es uns nicht schwerer, sie im Geiste zu behalten, als die Reihe der Zahlen." (10, 215) Wir wissen nicht, ob ihm dieser Gedanke im Winter 1619 kam, aber einige hiermit zusammenhängende Überlegungen – über die Reihenfolge, in der die Wissenschaften studiert werden sollten – scheinen ihn zu dieser Zeit beschäftigt zu haben, wenn man seiner Erinnerung im *Discours de la Méthode* Glauben schenken will.

Teil zwei des *Discours* enthält eine Schilderung von Descartes' Überlegungen in jener berühmten warmen Stube. Demnach begann er mit der Einsicht, daß Werke, die von der Hand verschiedener Meister stammen, häufig nicht so vollkommen seien wie Arbeiten, die aus einer einzigen Hand hervorgehen; ebenso sind gut und einheitlich geplante Werke *ad hoc* gefertigten überlegen. Dennoch, sagt er, sei es nicht immer ratsam, noch einmal völlig neu zu machen, was sich ohne einheitlichen Plan im Laufe der Zeit entwickelt hat. Kein Mensch würde sich einfallen lassen, sämtliche Häuser einer uneinheitlich gewachsenen Stadt niederzureißen, nur um eine schönere Gesamtwirkung zu erzielen, und ebenso, sagt Descartes, wäre es nicht sinnvoll, „das System der Wissenschaften zu reformieren oder die Lehrmethoden in den Schulen" (6, 13). Es mag zwar sehr wohl für einen einzelnen Sinn haben, sein Haus abzureißen und neu aufzubauen, und das gleiche mag für das ganz persönliche Wissen gelten – d. h., daß man alles verwerfen kann, an dem man in seinen erworbenen Überzeugungen zweifelt –, aber dabei brauchen nicht etwa die Wissenschaften insgesamt oder ihre Lehrmethoden zerstört zu werden. Nach dem *Discours* gelangte Descartes zunächst einmal zu dem Schluß, daß er durchaus alle seine Überzeugungen verwerfen und statt ihrer nach besseren suchen konnte und durfte, solange er nur zuvor eine *Methode* entwickelt hätte, mit deren Hilfe er zu neuen Einsichten gelangen konnte (6, 17).

Was er suchte, war eine Methode, die alle Vorteile des Vorgehens in Logik, Algebra und Geometrie bot, aber frei war von deren Nachteilen. Im *Discours* behauptete er, eine solche Methode gefunden und erfolgreich angewendet zu haben. „In der Tat wage ich zu behaupten, daß die genaue Befolgung dieser kleinen Auswahl von Vorschriften mir eine solche Gewandtheit verschaffte, alle Probleme zu lösen, auf die sich diese zwei Wissenschaften [geometrische Analyse und Algebra] erstrecken..." (6, 20) Und wenig später drückt er seine Hoffnung aus, diese Methode, die er „noch an keinen besonderen Gegenstand gebunden hatte ... ebenso vorteilhaft auf die Schwierigkeiten anderer Wissenschaften anzuwenden, wie [er] es in der Algebra getan hatte." (6, 21) Das ist die weitestgehende Behauptung Descartes' im *Discours*, nämlich während seines Aufenthaltes in Deutschland eine Leitmethode gefunden zu haben, eine Methode, die sich prinzipiell auf alle wissenschaftlichen Fragen anwenden ließ. Er ging nicht so weit zu sagen, daß diese Methode tatsächlich die angemessene für die anderen Wissenschaften *ist*. Statt dessen berichtet er von seiner Überlegung, daß ja die Prinzipien der anderen Wissenschaften sämtlich der Philosophie entlehnt seien, in der er nichts Gewisses fand, und daß er daher zunächst einmal auf diesem Gebiet nach gewissen Grundlagen suchen mußte. Und klar wurde ihm auch, daß er diese Aufgabe nicht übereilt in Angriff nehmen und keinesfalls versuchen durfte, damit fertig zu werden, „bevor ich nicht ein viel reiferes Alter erreicht hätte als meine damaligen dreiundzwanzig Jahre; zuvor wollte ich viel Zeit auf die nötige Vorbereitung verwenden" (6, 22). Wie wir sehen werden, dauerten Descartes' „Vorbereitungen" neun Jahre. Er begann nicht vor dem Jahr 1628 damit, die „gewissen Grundlagen" zu formulieren, die seiner Ansicht nach die Voraussetzung für die Lösung der Probleme in den anderen Wissenschaften waren.

4. ‚Absolutes', einfache Naturen und Probleme

Was für eine Methode meinte Descartes vor 1628 entdeckt zu haben? In Teil zwei des *Discours* spricht er davon, daß er in seiner berühmten gutgeheizten Stube bereits vier Vorschriften gefunden hatte, die ihm als Leitregeln für seine Forschungen dienen konnten (vgl. 6,18). Kritiker des *Discours* bezweifelten, daß diese knappe Handvoll Regeln wirklich eine ‚Methode' ausmachen konnte. Descartes selbst war für diesen Einwand nicht unempfänglich: Einem seiner Briefpartner gegenüber verwarf er die Ansicht, daß der *Discours* besser eine Abhandlung genannt werden sollte, denn der *Discours*, sagt er dort, kündigt eine Methode nur an, lehrt sie aber noch nicht. Um das Jahr 1628 verfaßte Descartes einen Text, der schon eher den Charakter einer Abhandlung hatte, jedoch unvollendet blieb. Dort sollten nicht weniger als sechsunddreißig Regeln in drei Gruppen zu je zwölf niedergelegt werden. Dieser nicht vollendete Traktat erhielt den Titel *Regulae ad directionem ingenii* (*Regeln zur Ausrichtung der Erkenntniskraft*). Die hier dargelegte Version der Methode ist um einiges schwerfälliger als die im *Discours* vorgelegte, aber sie entspricht wohl besser Descartes' ursprünglicher Vorstellung von einem allgemeinen Verfahren der Problemlösung.

Bei der Erklärung der ersten zwölf Regeln geht Descartes auch auf einige der Punkte ein, über die er während seines Aufenthaltes bei Ulm im November 1619 schon nachgedacht hatte. Regel vier besagt, daß eine Untersuchung von der Methode, nicht von der Neugier geleitet werden sollte. In seiner Erläuterung dieser Regel befaßt sich Descartes mit der Fruchtbarkeit bis dahin bekannter

Methoden zur Lösung von Fragen der mathematischen Wissenschaften im engeren Sinn, und er fragt sich, ob diese Methoden sich erweitern ließen auf andere Wissenschaften, wo größere Hindernisse den Fortschritt „zu ersticken pflegen" (10, 373). Er befindet, daß sich diese Methoden übertragen lassen, oder genauer, daß gewisse Techniken in der Algebra und Geometrie nur Sonderfälle von etwas allgemeinerem sind, eines Verfahrens nämlich zur Beantwortung von Fragen in bezug auf Zahlen und Figuren und manches andere mehr. Nachdem er eine vollkommen allgemeine Methode der Problemlösung erwogen hat, behauptet Descartes im weiteren Verlauf seiner Erörterung der vierten Regel sogar die Existenz einer „universellen Mathematik":

> „Indem ich mir dies ziemlich aufmerksam durch den Kopf gehen ließ, wurde mir schließlich deutlich, daß nur all das, worin Ordnung und Maß untersucht wird, zur Mathematik gehört, und es nicht darauf ankommt, ob ein solches Maß in Zahlen, Figuren, Sternen, Tönen oder einem anderen beliebigen Gegenstand zu suchen ist, und daß es demnach eine allgemeine Wissenschaft geben müsse, die all das entwickelt, was bezüglich Ordnung und Maß, noch ohne einem besonderen Gegenstand zugesprochen zu sein, zum Problem gemacht werden kann, und daß sie … als ‚Mathesis Universalis' bezeichnet wird, weil in ihr alles das enthalten ist, um dessentwillen andere Wissenschaften auch Zweige der Mathematik genannt werden." (10, 377–78)

Descartes fährt fort, daß diese Wissenschaft die untergeordneten Wissenschaften der Geometrie, Astronomie, Musik, Optik, Mechanik u. a. an „Einheit und Einfachheit" übertreffe und aufgrund ihres hohen Allgemeinheitsgrades von einigen der Schwierigkeiten frei sei, mit denen die Spezialwissenschaften zu kämpfen haben.

Drei Regeln der *Regulae* werden als entscheidend für die gesamte Abhandlung bezeichnet (10, 392). Regel fünf weist den Forscher an, „verwickelte und dunkle Aussagen stufenweise auf einfachere [zurückzuführen] und sodann von der Betrachtung der allereinfachsten zur Erkenntnis aller anderen über dieselben Stufen hinaufzusteigen" (10,379). Regel sechs führt etwas weiter aus, was unter „einfach" zu verstehen ist; Regel sieben bietet eine Technik des „Hinaufsteigens" (wie es in Regel fünf geheißen hatte) von den einfachsten Sätzen, auf die eine schwierige Frage zurückgeführt worden ist, zu allen anderen Sätzen.

Descartes verdeutlicht durch Beispiele, wie diese und die anderen Regeln korrekt anzuwenden sind (10,393ff.). Er beginnt mit der Frage der anaklastischen Linie. Darunter versteht man in der Optik das Problem, die Linie oder den Weg zu beschreiben, von denen parallele Lichtstrahlen, wenn sie auf ein dichteres Medium treffen, so abgelenkt werden, daß sie sich nach der Brechung in einem einzigen Punkt schneiden. Ein Mathematiker, der nichts von Physik versteht, sagt Descartes, wird bei der Beschäftigung mit diesem Problem immer nur bis zu einem bestimmten Punkt kommen. Er wird entdecken, daß die von ihm gesuchte Linie vom Verhältnis des Einfallswinkels in das dichtere Medium und des Brechungswinkels der Strahlen abhängt. Soweit folgt er Regel fünf, die den Forscher anweist, ein Problem durch Rückführung auf einfachere Sätze zu lösen, d.h. auf Sätze, die bekannt sein müssen, wenn das Problem lösbar sein soll. Ein solcher Satz betrifft in diesem Fall das Verhältnis der Winkel zueinander. Aber weiter kommt der reine Mathematiker nicht, denn unter Verstoß gegen die erste Regel der *Regulae* (vgl. 10,361) sucht er Wahrheit nur in bezug auf Zahlen und Figuren und nicht in bezug auf die Dinge im allgemeinen.

Eine Lösung des Problems der anaklastischen Linie *läßt* sich sehr wohl finden, aber finden kann sie nur, wer über das Verhältnis der Winkel hinausgeht und einsieht, wovon *dieses* wiederum abhängt. Der Forscher muß sich darüber klar werden, daß das Verhältnis zwischen den Winkeln sich mit Veränderungen der Winkel aufgrund von Unterschieden in den Medien wandelt, die das Licht durchquert. Und um diese Veränderungen zu verstehen, muß er auch andere Dinge begreifen: die Art, wie der Strahl die Materie durchdringt, die Beschaffenheit des Mediums, durch das der Strahl hindurchgeht, die Natur der Handlung oder der Leuchtkraft und schließlich das Wesen einer Naturkraft überhaupt. Diese Dinge verstehen bedeutet, Sätze zu begreifen, die noch einfacher sind als der Satz in bezug auf das Verhältnis der Winkel. Und der „allereinfachste" all dieser einfachen Sätze ist derjenige, der sagt, was eine Naturkraft ist.

Die Natur einer Naturkraft nennt Descartes das in höchstem Grad „Absolute" in der Reihe von Überlegungen zur anaklastischen Linie (vgl. 10,395). Ganz allgemein sind die absoluten Begriffe von Reihen jene, die dem Forscher die Erkenntnis derjenigen „einfachen" Dinge ermöglichen, die unbekannte Naturen wie z. B. die des Lichts verständlich machen. Unter Regel sechs der *Regulae* nennt Descartes einige typische Charakteristika solcher absoluten Begriffe:

> „Absolut nenne ich alles, was die reine und einfache Natur dessen in sich enthält, was infrage steht, wie all das, was als unabhängig, Ursache, einfach, allgemein, eines, gleich, ähnlich, gerade oder etwas anderes dieser Art betrachtet wird." (10,381)

Diese Liste sieht recht willkürlich aus, aber wenn man weiterliest, entdeckt man, daß sich für Descartes alle lösbaren Probleme in Begriffen von Gleichungen zwischen bekannten und unbekannten Größen ausdrücken lassen, die aus den für ein gegebenes Problem relevanten Daten gewonnen werden. „Gleichheit" wird in der Liste absoluter Begriffe erwähnt, weil Gleichungen verwendet werden, um Beziehungen zwischen Bekanntem und Unbekanntem auszudrücken. „Gerade" wird in die Liste aufgenommen, weil gewisse Gleichungen sich als gerade Linien in einem Koordinatensystem ausdrücken lassen. Absolutheit im Sinne dessen, was durch sich selbst und ohne Rückgriff auf Begriffe anderer Dinge verstanden werden kann, läßt sich am Fall der anaklastischen Linie veranschaulichen: Die Leuchtkraft läßt sich nur verstehen, wenn man schon versteht, was eine Kraft überhaupt ist, aber verstehen, was eine Kraft überhaupt ist, hängt nicht davon ab, daß man diese oder jene bestimmte Art von Kraft versteht, wie z. B. die Leuchtkraft.

In den *Regulae* behauptet Descartes, daß man das „vorzügliche Geheimnis" seiner Methode entdeckt, sobald man einsieht, daß alle Dinge in Reihen angeordnet werden können und daß es in jeder dieser Reihen ein Fortschreiten von den am meisten zu den am wenigsten absoluten Dingen gibt (10, 381). Die Idee ist dabei die, daß jedes „Problem", jeder Sachverhalt, dessen Wahrheit oder Falschheit sich überhaupt bestimmen läßt, „zusammengesetzte Dinge" betrifft, deren Naturen Kombinationen „einfacherer" oder verständlicherer Dinge sind. Zu den einfachen Dingen gelangt man, indem man die zusammengesetzten beschreibt – Descartes nennt als Beispiele u. a. das Licht und den Magneten –, und zwar in einer vollkommen allgemeinen Begrifflichkeit, die nur deren quantitative Merkmale berücksichtigt.

Descartes' Rede von „absoluten" Naturen setzt eine Theorie der „einfachen" und „zusammengesetzten" Naturen voraus, und solange wir über diese Theorie nicht mehr erfahren, haben wir nicht viel davon, wenn wir in das „vorzügliche Geheimnis" der Methode eingeweiht werden. Inwieweit stellt uns Descartes überhaupt den erforderlichen Hintergrund zur Verfügung? Die *Regulae* enthalten einige Ausführungen über die Mannigfaltigkeit der Zusammensetzungen, denen die einfachen Dinge unterworfen sind (10, 422 ff.), sowie über die Zusammensetzung als Quelle des Irrtums (10, 424 ff.). Wir finden darin auch eine Aufzählung der einfachen Naturen selbst.

Descartes unterscheidet bei den einfachen Sachverhalten drei Klassen (10, 419 ff.). Zunächst gibt es die „rein intellektuellen" einfachen Naturen; Beispiele hierfür sind Erkenntnis, Zweifel und Wollen. Jedoch bringt nur ein einziges der in den *Regulae* erörterten Probleme – nämlich das der Bestimmung von Reichweite und Natur der menschlichen Erkenntnis (10, 395) – die einfachen intellektuellen Naturen vollständig ins Spiel. Obgleich Descartes in diesem Zusammenhang vom „allervorzüglichsten Beispiel" für ein Problem überhaupt spricht, das als erstes nach den Regeln untersucht werden sollte, ist dieses Problem doch nicht typisch für Descartes' methodische Untersuchungen. Die Fragen und Probleme, auf die er sich konzentriert, werden vielmehr mit Hilfe der beiden anderen Klassen einfacher Naturen gelöst, die „rein materiellen" einfachen Naturen und die „allgemeinen" einfachen Naturen, die den intellektuellen und materiellen Dingen gemein sind.

Unter einer „rein materiellen" einfachen Natur versteht Descartes, was nur einem Körper als Körper zukommt: Gestalt, Ausdehnung (Länge, Tiefe und Breite) oder Bewegung (vgl. 10,419). Diese Naturen gehören ausschließlich den materiellen oder körperlichen Dingen an, und indem man ihre Beziehungen untereinander in bestimmten Arten physischer Gegenstände erkennt, soll man laut Descartes einige Fragen beantworten können, die die Kräfte und Eigenschaften physischer Gegenstände überhaupt betreffen. So behauptet Descartes zum Beispiel, es sei möglich, die Natur des Tons aus der Information zu erschließen, „daß drei Saiten A, B, C den gleichen Ton von sich geben, von denen B doppelt so dick ist wie A, aber nicht länger, und von einem doppelt so großen Gewicht gespannt wird, C dagegen zwar nicht dicker ist als A, dafür aber doppelt so lang, zudem von einem viermal so großen Gewicht gespannt wird" (10,431). Alle diese Daten haben mit den Beziehungen von Längen, Dicken und Gewichten zu tun, die man sich als in Einheiten meßbar vorstellt. Längen und Dicken sind Beispiele für einfache materielle Naturen, und Meßbarkeit in Einheiten ist ein Beispiel für die „allgemeinen Naturen" (10,419, vgl. auch 440,449).

Am Beispiel der Saiten und des Problems der Töne, bemerkt Descartes, läßt sich einsehen, wie *jedes* wohlverstandene Problem oder zumindest jedes, das in ausreichendem Maß von irrelevanten Erwägungen befreit wurde, auf ein Problem zurückgeführt werden kann, das so gefaßt ist, daß wir uns „nur im allgemeinen damit [beschäftigen], bestimmte Größen miteinander zu vergleichen"

(10,431). In mancher Hinsicht ist es dieses Verfahren, das man als „vorzüglichstes Geheimnis" der Methode in den *Regulae* bezeichnen kann. Descartes hat gesehen, daß viele lösbare wissenschaftliche Probleme vielleicht nur deshalb *un*lösbar scheinen, weil sie auf eine bestimmte Art formuliert wurden. Er glaubte, eine Methode gefunden zu haben, mit deren Hilfe sich jedes Problem in bezug auf Zahl und Figur lösen läßt, und entsprechend entwickelte er ein Verfahren der Übersetzung wissenschaftlicher Probleme, in denen es scheinbar *nicht* um Zahl und Figur zu tun ist, in solche, bei denen es genau darum geht. In der Hauptsache dachte er an Probleme der Physik, als er seine ausführlichen Regeln für die Umformulierung dieser Probleme in Begriffen der Anordnungen von Punkten und Linien aufstellte (vgl. 10,450 ff.); wo Abkürzungen unvermeidlich waren, sollte in Gleichungen zwischen Zahlen umformuliert werden (vgl. 10,455 ff.). Waren die Probleme auf diese Weise anders ausgedrückt, ließen sie sich auf eine Form zurückführen, in der die Beziehung zwischen Größen tatsächlich leicht zu erkennen oder mechanisch zu berechnen war.

Das allein wäre schon Neuerung genug gewesen, aber Descartes beschränkte sich nicht auf Anweisungen zur Übertragung unklarer, nicht-mathematischer Aussagen in eine schon vorliegende und klarere mathematische Sprache; vielmehr glaubte er, daß die schon existierenden Notationen der Algebra und Geometrie ihrerseits noch vereinheitlicht und vereinigt werden mußten. Im *Discours* berichtet er, wie rasch er als junger Mann die Mängel in der herkömmlichen Darstellung mathematischer Probleme gesehen hatte. Die geometrische Analysis, klagt er, sei „stets so an die Betrachtung von Figuren gebunden, daß sie den Verstand nicht üben kann, ohne die Einbildungskraft sehr zu ermüden" (6,17–18). Und in der Algebra habe „man sich so dem Zwang gewisser Regeln und Zeichen unterworfen, daß daraus eine verworrene und dunkle Kunst entstanden ist" (ebd.).

Um in beiden Wissenschaften für Klarheit und Einheitlichkeit zu sorgen, führte Descartes eine Reihe von Notationen ein, die in der Algebra bis heute in Gebrauch sind. Seit Descartes werden unbekannte Größen in Gleichungen mit ‚x', ‚y' und ‚z' wiedergegeben, bekannte mit ‚a', ‚b' und ‚c'. Descartes verdanken wir die Standardnotation für die dritte Potenz sowie für höhere Potenzen und ebenso die Notation für die entsprechenden Wurzeln. Aber er führte nicht nur Neuerungen in der Notation ein, er zeigte auch, wie sich alle Größen, zwischen denen in Zahlen ausdrückbare Verhältnisse bestehen, geometrisch durch Linien darstellen lassen, und umgekehrt, wie sich Linien, einschließlich Kurven, in algebraischer Notation wiedergeben lassen. Leser, denen die Darstellung der Lösung von Gleichungen mit Hilfe von X- und Y-Achse in einem Koordinatensystem vertraut ist, benutzen Techniken, die Descartes, wenn nicht erfunden, so doch in seiner *Geometrie* auf neuartige Weise entwickelt und angewandt hat.

Die *Regulae* nahmen im Ansatz jedenfalls schon einige Neuerungen der *Geometrie* vorweg, und ansatzweise verwendeten sie schon einige Techniken der auf den neuesten Stand gebrachten Algebra und Geometrie für die Lösung von Problemen aus anderen Wissenschaften. In den letzten zwölf Regeln der *Regulae* hatte Descartes zeigen wollen, wie sich jedes Problem überhaupt, ganz gleich, wie knapp es ursprünglich formuliert worden war, in eine Frage übersetzen läßt, die einen ebenso klaren Weg vom Bekannten zum Unbekannten vorzeichnet wie in der Mathematik. Soweit wir wissen, hat er die letzten zwölf Regeln nicht mehr ausgearbeitet, aber in den etwa einundzwanzig überlieferten Regeln entwarf er eine hoch differenzierte allgemeine Theorie der Forschung, deren Spuren wir in den späteren Schriften wiederfinden werden.

5. Streifzüge durch die Welt

Nach seiner Vision in Deutschland tat Descartes, wie er im *Discours* berichtet, neun Jahre lang nichts anderes als „in der Welt herumzureisen“ (6,28). Hauptsächlich reiste er außerhalb Frankreichs. Der Kontakt mit fremden Sitten und Überzeugungen sollte ihm helfen, sich von Vorurteilen und Irrtümern zu befreien, die er in der Jugend angenommen hatte. Er wollte Erfahrungen sammeln und jene Reife gewinnen, ohne die er „die wichtigste aller Aufgaben“ nicht in Angriff nehmen konnte: die Entdeckung sicherer Prinzipien in der Philosophie. So jedenfalls bringt Descartes im *Discours* seine Reisen mit seiner geistigen Entwicklung in Verbindung.

Der *Discours* sagt uns nicht, wohin ihn seine Wanderungen führten oder was ihm dabei widerfuhr. In diesem Sinne ist das Werk keine Autobiographie. Eher als einen Bericht über Ereignisse im Leben des Autors bietet der *Discours* eine Darstellung der Struktur der Wissenschaften, und zwar in der Form, daß ein Mann seine Fortschritte in der Selbstunterweisung schildert. Wie schon gesehen, berichtet Descartes zunächst von seiner Unzufriedenheit mit der schulischen Ausbildung und von seiner Entdeckung einer Methode, die deren Fehler korrigieren sollte. Dann beschreibt er seine erste erfolgreiche Anwendung dieser Methode in der Mathematik und seine Einsicht, daß ihre Vervollkommnung einen Umweg durch die Philosophie erforderte, was ihn wiederum zwang, zunächst mehr Erfahrungen zu sammeln. Dieser Bericht nimmt die beiden ersten der sechs Teile des *Discours* ein. In den folgenden Teilen erzählt Descartes, was geschah, als er schließlich soweit war, sich der Philosophie zuzuwenden; es gelang ihm, die Prinzipien zu finden, die er suchte, und er machte sich erneut daran, eine Methode in die anderen Wissenschaften zu bringen: in die Physik, die Mechanik und schließlich in die Wissenschaften vom Menschen.

Oberflächlich betrachtet erzählt der *Discours* in chronologischer Reihenfolge, aber tatsächlich gliedert Descartes seinen Stoff nach einem anderen Kriterium: der besten Reihenfolge für ein Selbststudium der Wissenschaften. Zuerst ist da die „Logik" in Form der vier Regeln der neuen Methode; dann die Mathematik, dann die Philosophie, gefolgt von Physik, Mechanik, Medizin und Moral. Wenn Descartes von seinen Reisen erzählt, dann nicht, um zu berichten, was sich zwischen 1619 und 1628 ereignet hat; vielmehr verdeutlichen uns seine Reisen die Grenzen, innerhalb derer Descartes die Methode anwandte, mit der er seine früheren Überzeugungen korrigieren wollte. Sein Vorgehen bestand darin, alles in seinem angenommenen Wissen zurückzuweisen, was auch nur im mindesten zweifelhaft war. Dieser Ansatz konnte leicht mißverstanden werden. Descartes war sorgfältig auf die Vermeidung des Eindrucks bedacht, er folge mit der Ausschaltung von Vorurteilen einfach den Pfaden der philosophischen Skepsis und nehme eine Position zerstörerischen Zweifels ein, der *keinen* Glauben unangetastet lasse und ihn in der Praxis lähmen würde; vielmehr berichtet er im *Discours,* daß er, während er als Reisender unterwegs war, *zugleich* mit der Zerstörung seiner früheren Überzeugungen beschäftigt war. Er konnte beides tun, erklärt er, weil er in der destruktiven Phase seiner Selbstunterweisung die Maximen einer provisorischen Moral, die Lehren seiner Religion und die Überzeugung vom bindenden Charakter der Gesetze und Sitten seines Landes bestehen ließ. An diesen Dingen mußte er festhalten, wollte er in der Lage sein, während seiner ausgiebigen Selbsthinterfragung noch wirksam zu handeln.

Descartes vergleicht seine provisorische Moral und Religion mit einer vorübergehenden Wohnung, die man braucht, während man sein Haus abreißt und wieder neu aufbaut (6,22). Diesen Vergleich müssen wir ernst nehmen, wollen wir Descartes' kritisches

Projekt nicht für halbherzig halten. Vorübergehende Unterkünfte können zerstört, jedenfalls aufgegeben werden, sobald man eine dauerhafte Bleibe gefunden hat. Ganz ähnliches galt für Descartes' ausgesprochen beruhigende Moral: Sie konnte revidiert, kritisiert und sogar abgelehnt werden, sobald nur die Wissenschaften in ihren Hauptzügen gesichert waren. Was die Wahrheiten der Religion angeht, so sollten sie *zunächst* geglaubt werden, um später im Verlauf der Begründung sicherer Prinzipien in der Philosophie bewiesen zu werden. Zunächst aber behielt Descartes nach eigener Auskunft seine Moral und Religion kritiklos bei und machte sich an den Abbau seiner sonstigen Überzeugungen.

„Und weil ich hoffte, ich könne besser damit zum Ziel kommen, wenn ich mit Menschen verkehrte, als wenn ich länger in dem Zimmer eingeschlossen bliebe, in dem mir alle diese Gedanken gekommen waren, so begab ich mich noch kurz vor Ende des Winters [1619–20] wieder auf Reisen." (6, 28) Im Laufe der folgenden neun Jahre unternahm Descartes eine ganze Reihe von Reisen, aber keinesfalls war er ununterbrochen unterwegs, wie der *Discours* behauptet, und es ist auch nicht ganz klar, ob er seine Überzeugungen tatsächlich im Verkehr mit Menschen überprüfte, bevor er sich vorübergehend zwischen 1626 und 1628 in Paris niederließ. Ohnehin ist schwer vorstellbar, wie Descartes sich von Gesprächen eine Korrektur seiner Überzeugungen erhoffen konnte, ging er doch davon aus, daß die anderen Menschen die gleiche fragwürdige Erziehung durchlaufen hatten wie er selbst. Zudem sagt er immer wieder, daß jeder für sich seine Irrtümer erkennen und überwinden müsse. Es stellt sich also die Frage, weshalb er, um seinem Ziel näherzukommen, eigentlich nicht in jenem Zimmer bei Ulm blieb und statt dessen in die Gesellschaft von Menschen zurückkehrte. Letztlich sollte man die Behauptungen des *Discours* über die Dinge, die Descartes getan hat, die Zeitpunkte und die Gründe seiner Handlungen auffassen wie die Behauptungen in einer Fabel, und als Fabel legte Descartes seinen *Discours* den Lesern vor (vgl. 6, 4).

Sehr wahrscheinlich verließ er sein Zimmer *nicht* mit der Absicht, seine wissenschaftliche Arbeit auf später zu verschieben. Zwar lesen wir im *Discours*, daß er sich zunächst der Philosophie zuwenden wollte, bevor er seine Methode auch außerhalb von Algebra und Geometrie anwandte, aber es steht nicht fest, ob er die weitere Anwendung seiner Methode tatsächlich so lange aufschob, bis er die dafür nötige Reife erlangt haben würde, oder ob er sich wirklich eine bestimmte Aufgabe in der Philosophie vornahm. Möglich ist, daß ihm die Notwendigkeit einer metaphysischen Untersuchung überhaupt erst in Paris klar wurde, sechs oder sieben Jahre nachdem er Deutschland verlassen hatte. Offenbar hat er die Anwendung seiner Methode außerhalb der reinen Mathematik auch nicht vollständig unterlassen, denn sein Notizbuch aus dieser Zeit legt die Vermutung nahe, daß die Methode bereits 1620 in Descartes' Arbeit an Grundsätzen zur Herstellung von Teleskoplinsen angewendet wurde. Wir wissen auch, daß der junge Descartes förmlich besessen war von der Angst zu sterben, bevor er sein Lebenswerk vollendet hatte, und so kann man mit guten Gründen annehmen, daß ihm diese Angst keine Ruhe ließ und kein langes Zögern erlaubte. Sicher, er hinterließ aus diesen neun Jahren nur fragmentarische Arbeiten, aber sehr wahrscheinlich hängt das nicht mit seinem Entschluß zusammen abzuwarten, bis seine Gedanken ausgereift waren; die Fragmente dürften viel eher auf sein Scheitern beim Versuch deuten, eine Arbeit zu Ende zu bringen.

Von Descartes' Reisen nach dem entscheidenden Winter 1619–20 wissen wir nichts Sicheres. Sehr wahrscheinlich nahm er als Freiwilliger seinen Militärdienst wieder auf und reiste einige Zeit mit dem Heer des Herzogs von Bayern. 1621 trat er möglicherweise in ein anderes Heer über und kam durch Schlesien und Polen. Sein Notizbuch aus dieser Zeit hält eine recht dramatische Episode auf einer kleinen Reise durch Friesland fest, die Descartes zusammen mit seinem Diener unternahm. Die Seeleute auf einem von ihm gemieteten Schiff planten, ihn auszurauben und umzubringen. Descartes belauschte jedoch das Komplott, zog seinen

Degen und drohte, sie alle zu durchbohren, sollten sie versuchen, ihm ein Leid anzutun. Die potentiellen Räuber zogen sich zurück.

1622 kehrte Descartes nach Frankreich zurück; er verbrachte einige Zeit in Paris und bei seinen Verwandten in der Bretagne. Aus einem Brief vom Mai 1622 erfahren wir vom Verkauf einiger Liegenschaften, die er von seinem Vater erhalten hatte. Die Erlöse befreiten ihn von der Notwendigkeit, seinen Unterhalt je durch Arbeit verdienen zu müssen. Im März 1623 machte er sich auf den Weg nach Italien, das er mehr als zwei Jahre lang bereiste. Eines seiner ersten Ziele war der Wallfahrtsort der Madonna di Loretto. Er hatte gelobt, als Dank für seine Vision von 1619 eine Pilgerfahrt dorthin zu unternehmen. Später besuchte er Rom und Florenz und kehrte, wahrscheinlich im Mai 1625, über die Alpen nach Frankreich zurück. Es wird berichtet, daß ihm bei seiner Rückkehr der Kauf des Generalleutnant-Titels von Châtelleraut angeboten wurde, den er wegen des hohen Preises ablehnte. Im darauffolgenden Jahr, 1626, ließ er sich in Paris nieder. Einige Ausflüge aufs Land ausgenommen, blieb er drei Jahre lang dort.

6. Paris

Descartes war fast dreißig Jahre alt, als er nach Paris zog. In den sechs oder sieben Jahren seit seiner Abreise aus Deutschland hatte er wenig zur Entwicklung seiner wunderbaren Wissenschaft unternommen, und auch in Paris war seine intellektuelle Arbeit eher sporadischer und sprunghafter Art. In Teil drei des *Discours* wird kein ausdrücklicher Unterschied gemacht zwischen der Zeit der Reisen und dem Aufenthalt in Paris, aber zwei Passagen könnten sich auf seine Zeit in Paris beziehen. An einer Stelle berichtet Descartes:

> „Darüber hinaus fuhr ich fort, mich in der Methode zu üben, die ich mir vorgeschrieben hatte; denn ich war nicht nur besorgt, überhaupt alle meine Gedanken nach ihren Vorschriften zu leiten, sondern erübrigte auch von Zeit zu Zeit einige Stunden, die ich besonders dazu benutzte, sie auf mathematische Probleme anzuwenden oder sogar auch auf gewisse andere Probleme, die ich den mathematischen fast angleichen konnte..." (6,29)

Die „mathematischen Probleme" könnten die Verdoppelung des Würfels und die Dreiteilung des Winkels gewesen sein. Möglicherweise arbeitete Descartes seine Lösungen in Paris aus, jedenfalls legte er sie dort den Mathematikern Claude Mydorge und Sebastian Hardy vor. Die „gewissen anderen Probleme" hatten vielleicht mit der optimalen Krümmung bestimmter Arten von Linsen zu tun. Wir wissen, daß Descartes in Paris, zuweilen gemeinsam mit Mydorge, auf dem Gebiet der theoretischen und experimentellen

Optik arbeitete. Überdies freundete er sich mit einem Hersteller optischer Instrumente namens Ferrier an, den er später zu seinem persönlichen Assistenten machen wollte.

Die zweite Passage des *Discours*, die sich auf Descartes' Pariser Zeit beziehen könnte, findet sich gegen Ende des dritten Teils. Descartes berichtet hier, daß er sich in geistigen Dingen eine gewisse Neutralität zur Pflicht gemacht und sich entschlossen hatte, auf seinen Reisen lieber die Position des Zuschauers als die des Handelnden einzunehmen und lieber Kritiker seiner eigenen Gedanken zu sein, als aus seinen privaten Überlegungen Theorien zu formulieren:

> „Gleichwohl verflossen diese neun Jahre, bevor ich bezüglich der Probleme, über die die Gelehrten zu streiten pflegen, Partei ergriffen oder die Grundlagen einer gewisseren Philosophie gesucht hätte als der, die gang und gäbe ist. Das Beispiel einiger hervorragender Köpfe, die vormals diese Absicht verfolgt und sie, wie mir schien, verfehlt hatten, erweckte in mir die Vorstellung so großer damit verbundener Schwierigkeiten, daß ich mich vielleicht nicht sobald an dieses Unternehmen gewagt hätte, hätte ich nicht beobachtet, daß einige schon das Gerücht verbreiteten, daß ich damit zum Ziel gekommen sei." (6, 30)

Descartes sagt weiter, daß er dieses Gerücht auf keine Weise befördert habe, daß er ihm aber gerecht zu werden suchte, da es einmal in Umlauf war, und nach den Grundlagen einer neuen Philosophie zu suchen begann.

Worauf bezieht sich der Philosoph, wenn er von Problemen spricht, „über die die Gelehrten zu streiten pflegen"? Wir wissen, daß sich im August 1624 über tausend Menschen in einem Saal in Paris versammelten, um einer öffentlichen Disputation über vierzehn Thesen gegen Aristoteles beizuwohnen. Die Debatte wurde jedoch durch einen offiziellen Erlaß untersagt, und später wurde auf Verlangen der Sorbonne jede Lehre verboten, die sich gegen die anerkannten Lehren der Antike wandte. Vernehmbarer wurde die Kritik an Aristoteles und am ganzen Korpus der scholastischen Lehren, mit denen Descartes und der Rest des gebildeten Frankreich während der Schulzeit längst in Kontakt gekommen waren, dann im Verlauf der 1620er Jahre. In Paris wurde die Kritik von einem Publikum offen aufgenommen, das ohnehin Geschmack fand an literarischen Frivolitäten und Zügellosigkeiten und wahrscheinlich ebenso empfänglich war für subversive Ideen aller Art in der Philosophie und Theologie. Während Descartes in Italien weilte, fand in Frankreich ein langer Prozeß gegen den wohl führenden satirischen Dichter seiner Zeit, Théophile de Viau, statt, und die Leute erinnerten sich 1626, als Descartes nach Paris zog, noch sehr gut daran. Das Verfahren hatte aus dem Dichter eine Art Helden gemacht und dürfte die Anhängerschaft für das Gewagte und Ungewohnte in den Künsten und für die *Avantgarde* in der Philosophie beträchtlich vergrößert haben.

Welche Position Descartes auch immer in der Öffentlichkeit bezog, gleichgültig bleiben konnte er nicht gegenüber der Kritik an der Scholastik und gegenüber dem zunehmenden Einfluß atheistischer Gedanken auf seine gebildeten Zeitgenossen. Er selbst war enttäuscht von den scholastischen Dogmen. Auch war er mit vielen katholischen Geistlichen befreundet, die sich bemühten, den Glauben an Gott auch intellektuell respektabel zu machen. Einer dieser Geistlichen war Marin Mersenne, ein Minderbruder, der nur wenig älter als Descartes war und dessen Schulzeit in La Flèche sich mit derjenigen Descartes' überschnitten hatte. In den Jahren 1624 und 1625 hatte Mersenne sowohl eine lange Polemik gegen die freigeistige Gottlosigkeit und den Atheismus als auch eine Polemik gegen die philosophische Skepsis in bezug auf die Möglichkeit der Wissenschaft veröffentlicht. Dieses Buch gegen die *Libertins* ging auf die weitreichende Parteinahme der Öffentlichkeit für Théophile im erwähnten Prozeß zurück. Mit seinem antiskeptischen Traktat wollte Mersenne besonders einer bestimmten Stoßrichtung der Kritik an der Scholastik den Wind aus den Segeln nehmen, derzufolge die Physik, Logik und Mathematik erledigt seien, weil die Wissenschaft selbst – im Sinne gesicherten, systematischen Wissens – jenseits menschlicher Möglichkeiten liegen sollte. Mersenne begegnete dieser Kritik, indem er darauf hinwies, daß jedenfalls die Mathematik durchaus gesichert war und sehr wohl als ‚Wissenschaft' bezeichnet werden konnte. Wie wir noch sehen werden, widmete Descartes – wenn auch viel später – sein bekanntestes Werk, die *Meditationen*, den beiden Hauptgegenständen von Mersennes Polemiken.

In Paris konnten ihm die Kontroversen über den Atheismus und den Skeptizismus nicht verborgen bleiben, aber wahrscheinlich ergriff Descartes nicht Partei. Als er Paris verließ, sorgte Mersenne dafür, daß er über die fortdauernden Debatten insbesondere in bezug auf den Skeptizismus auf dem laufenden blieb. Ab Ende der 1620er Jahre war er der wichtigste Briefpartner Descartes', und er wurde auch zu seinem literarischen Agenten, Sprachrohr, persönlichem Sekretär und wissenschaftlichem Mitarbeiter. Sehr wahrscheinlich war es auch Mersenne, der Descartes mit Wissenschaftlern und Mathematikern in Paris bekannt machte. Descartes nahm zu dieser Zeit auch freundschaftliche Verbindungen zu anderen Geistlichen auf, die ihn zweifellos beeinflußten. Guillaume Gibieuf, ein Mitglied des neu gegründeten Oratoriums in Paris, war beteiligt an der Entwicklung von Descartes' Gedanken über den menschlichen und göttlichen Willen, und Pierre Bérulle, ein Kardinal am Oratorium, sorgte dafür, daß Descartes sich zur Reform der Philosophie verpflichtete.

Das geschah, nachdem Bérulle Descartes aufgefordert hatte, in einer eindrucksvollen Rede seinen Standpunkt zu einer Vorlesung zu erläutern, die sich kritisch gegen die scholastische Philosophie gewendet hatte. Diese Vorlesung wurde sehr wahrscheinlich im Herbst 1627 von einem Chemiker namens Chandoux im Haus des Päpstlichen Nuntius in Paris gehalten; Descartes und Bérulle befanden sich unter den Zuhörern. Chandoux sprach überzeugend und erhielt begeisterten Beifall von allen außer Descartes. Bérulle bat Descartes um eine Erwiderung, woraufhin dieser eine so glänzende Rede hielt, daß er alle Zuhörer auf seine Seite zog. Descartes war sich mit Chandoux darin einig, daß etwas anderes an die Stelle der scholastischen Philosophie treten mußte, aber jede neue Philosophie, sagte er, müsse von einer Methode des Vernunftgebrauchs geleitet sein, die zu Gewißheit führe und nicht nur zu wahrscheinlichen Schlüssen. Offenbar veranschaulichte Descartes diese Methode auch, denn in einem Brief von 1631, in dem er von seiner Rede berichtet, erinnert er Etienne de Villebressieu, einen der damaligen Zuhörer, an folgendes: „Ihr habt ... zwei Resultate meiner ausgezeichneten Regel der Natürlichen Methode in der Debatte gesehen, zu der mich die Anwesenheit ... der großen und gelehrten Gesellschaft im Palast des Nuntius nötigte“ (1,212). Möglicherweise war diese Rede der Ausgangspunkt für das Gerücht, wonach Descartes neue Grundlagen der Philosophie entdeckt hatte.

Kurz nach dem Vortrag von Chandoux traf sich Bérulle privat mit Descartes und erhielt dessen Zusage, sich der Reform der Philosophie nach der neuen Methode zu widmen. Descartes hielt sein Versprechen, indem er sich an die Abfassung der *Regulae* machte. Ohnehin hatte er lange schon geplant, seine Methode zu beschreiben und außerhalb der Mathematik anzuwenden, so daß er sich weniger einer neuen Verpflichtung unterwarf als sich vielmehr entschloß, einen langgehegten Plan auszuführen. Um sich auf diese ernsthafte Arbeit vorzubereiten, verließ Descartes im Winter 1627–28 die modischen Pariser Zirkel, in denen er sich – kurze Phasen konzentrierter wissenschaftlicher Arbeit ausgenommen – meistens bewegt hatte, und ging in Klausur. Eine Periode überwiegender Abgeschiedenheit stand ihm nun bevor, als er im Herbst 1628 aus Paris abreiste und nach Holland ging.

7. Die unterdrückte Physik

Sicherlich lasteten auf Descartes bei der Rückkehr in das Land, in dem er 1618 seinen geistigen Weg begonnen hatte, die Erwartungen seiner Zeitgenossen. In Paris waren viele, nicht nur Bérulle, von seiner Begabung beeindruckt, und nun warteten sie auf seine Arbeiten. Descartes hatte in Paris mit der Niederschrift einiger Abhandlungen begonnen, sie aber bald wieder aufgegeben (vgl. 1, 135); nun machte er sich an die Abfassung eines kurzen Buches, das er in wenigen Monaten zu vollenden hoffte.

Er sicherte sich gut gegen Unterbrechungen der Arbeit ab und nahm bis September 1629 im äußersten Norden Hollands in der Nähe von Franeker Wohnung. Aus einem Brief an Mersenne vom November 1630 (1, 177) wissen wir, daß er mit der Niederschrift „einer kleinen Abhandlung über Metaphysik" begann, „in der ich in der Hauptsache die Existenz Gottes und unserer Seelen beweisen will, wenn sie von unseren Körpern getrennt sind, woraus ihre Unsterblichkeit folgt". Der kleinen metaphysischen Abhandlung erging es nicht anders als vielen früheren Arbeiten: Sie blieb unvollendet. Eine Zeitlang scheint Descartes im Mai 1630 mit dem Gedanken gespielt zu haben, alles, was er bis dahin verfaßt hatte, in einer Erwiderung auf ein „verruchtes Buch" zusammenzufassen, das sehr wahrscheinlich atheistische Ansichten vertrat und auf das ihn Mersenne brieflich hingewiesen hatte; aber auch dieses Vorhaben wurde fallengelassen.

Ein anderes Projekt, dem er sich bald nach seiner Rückkehr nach Holland zuwandte, hätte ihm die Mühe erspart, für die Veröffentlichung zu schreiben. Seine Durchführbarkeit hing aber von der Mitarbeit des Pariser Instrumentenbauers Jean Ferrier ab. Descartes versuchte mit allen Mitteln, Ferrier zu einer Reise nach Holland zu bewegen; er sandte ihm sogar Beschreibungen einer aufsehenerregenden Maschine zum Schliff von Teleskoplinsen, die er selbst entworfen hatte. Wären diese Linsen hergestellt worden, Descartes wäre ein früher Ruhm für die Maschine und die Linsen sicher gewesen. Aber Ferrier ließ sich nicht zu einem Umzug nach Holland überreden, und der Plan für die Maschine blieb unverwirklicht liegen.

Das dritte Projekt Descartes' war noch weit ehrgeiziger und beschäftigte ihn in verschiedenen Formen für den Rest seines Lebens. Ab 1629 arbeitete er an einer umfangreichen Abhandlung, die eine einheitliche Erklärung aller Naturerscheinungen enthalten sollte. Dieses Werk wurde erst nach seinem Tod veröffentlicht, der erste Teil unter dem Titel *Die Welt oder Abhandlung über das Licht*, der zweite unter dem Titel *Über den Menschen.* Zu seinen Lebzeiten waren physikalische Theorien der Art, wie sie der erste Teil der Abhandlung entwickelte, von der Kirche verboten. Descartes entschloß sich, nicht nur den ersten, sondern auch den zweiten Teil seiner Abhandlung unveröffentlicht zu lassen, gab aber sein Vorhaben nie auf. Die Arbeitszeit, die nicht zur Ausarbeitung der großen Abhandlung verwendet wurde, nutzte er zur Abfassung einer entschärften Version der physikalischen Theorien, die er ohne Gefahr publizieren konnte.

Als er 1630 mit der Niederschrift von *Die Welt* begann, rechnete er damit, die Grundzüge seiner Theorie der Natur rasch zu Papier bringen zu können. Bis Anfang 1633 wollte er die Abhandlung an Mersenne geschickt haben, aber noch im Juli 1633 saß er an Korrekturen des Werks, und als es schließlich zur Veröffentlichung fertig war, erfuhr Descartes, daß Galilei von der Inquisition in Rom für seine Lehre von der Erdbewegung (in seinem Werk *Dialog über die beiden Weltsysteme*) verurteilt worden war. *Die Welt* enthielt auch eine „Hypothese" über die Erdbewegung, die nicht ohne Schaden aus dem Werk gestrichen werden konnte. Descartes wollte Galileis Schicksal nicht teilen und schrieb an Mersenne, daß er auf die Veröffentlichung verzichte.

Der Abhandlung *Die Welt* war ein gewisses Nachleben beschieden. Der ganze fünfte Teil des *Discours* ist ihrer Beschreibung und der Beschreibung des dazugehörigen Werks *Abhandlung über den Menschen* gewidmet. Später sollte Descartes weiteres Material aus *Die Welt* in seine *Prinzipien der Philosophie* aufnehmen.

Aus der überlieferten, nach Descartes' Tod veröffentlichten ursprünglichen Version geht klar hervor, daß er in *Die Welt* nicht so weit ging, die Lehre von der Erdbewegung wirklich *zu vertreten.* Hier kam ihm die literarische Form des Essays zuhilfe. Genau wie im drei Jahre nach der Zurückhaltung von *Die Welt* veröffentlichten *Discours* behauptete Descartes, nur eine Geschichte zu erzählen – die Geschichte der Vorgänge in einem imaginären Universum, wenn auch in einem Universum, das sich allem Anschein nach nicht von der faktischen physischen Welt unterschied.

Das sechste und siebte Kapitel von *Die Welt* enthält eine Beschreibung dieses imaginären Universums und der in ihm herrschenden Gesetze. Zunächst lädt Descartes seine Leser ein, sich das Universum so zu denken, als ob es sich von einem Punkt in einem imaginären Raum in alle Richtungen ausdehnt wie ein Ozean, auf den man, weit entfernt von jeder Küste, umherblickt. Als nächstes soll man sich vorstellen, wie Gott eine unbestimmte Art von Materie erschafft, die vollständig alle Teile des Raumes erfüllt. Die Cartesische Physik arbeitet diese Idee eines vollständig gefüllten Universums genau aus. Descartes war sich durchaus darüber im klaren, damit sowohl die überlieferten Lehrmeinungen wie auch den gesunden Menschenverstand gegen sich zu haben. Seine Annahme führte ihn zum Beispiel zu dem Postulat einer sinnlich nicht wahrnehmbaren, feinen Materie in allen Teilen des Raumes, in denen die Sinne nichts Sichtbares oder Tastbares entdecken können. Er hielt es jedoch für weniger schwierig, mit der Hypothese einer nicht wahrnehmbaren Form von Materie zu arbeiten, als das Prinzip eines *horror vacui* der Natur zuzugestehen, auf das man sich zur Erklärung bestimmter Erscheinungen berufen mußte, wenn man die Idee eines vollständig erfüllten Universums verwarf.

Die Materie sollte also den gesamten Raum einnehmen, und ihre Teile sollten sich in ständiger Bewegung befinden. Bewegung in einem Teil des Universums bedeutet den unverzüglichen Ortsaustausch von Materieteilchen in diesem Teil des Universums. Descartes nahm an, daß sich die Materieteilchen in diesem Ortsaustausch kreis- oder ringförmig bewegen. Der Gedanke war folgender: Ein bewegter Körper stößt nicht alle andere Materie von sich weg, sondern nur soviel, wie benötigt wird, um den Raum zu füllen, den er freigemacht hat, und diese Materie schließt eine kreisförmige Bewegung ab, die an der Position des ursprünglichen bewegten Körpers beginnt. In *Die Welt* wird diese Kreisbewegung mit der Bewegung eines Fisches in einem Becken verglichen: Der Schlag seiner Flosse verdrängt das Wasser um ihn herum, aber nicht alles Wasser im Becken; und das verdrängte Wasser füllt den Raum, den der Fisch jeweils nicht mehr einnimmt.

Descartes ging davon aus, daß die Natur der Materie in seinem imaginären Universum vollständig erkennbar sein mußte; man durfte ihr keinerlei Eigenschaften beilegen, und man durfte keinerlei Formen annehmen, die für den Verstand undeutlich bleiben. Ganz im Geist dieser Grundannahme sagt er von seinem imaginären Universum:

> „[Es ist frei von] der Form der Erde, des Feuers oder der Luft oder einer anderen, bestimmteren Form, wie etwa von Holz, Stein oder Metall. Nehmen wir weiter an, daß ihm die Eigenschaften der Hitze, Kälte, Trockenheit oder Feuchtigkeit, der Leichtigkeit oder Schwere, des Geschmacks, des Geruchs, des Tons, der Farbe, des Lichts oder anderer solcher Eigenschaften abgehen, in deren Natur man etwas finden könnte, das nicht von jedermann klar gewußt wird.“ (11,33)

Beim Ausschluß all dieser Dinge baut Descartes auf Argumente, mit denen er *Die Welt* eröffnet, Argumente, die zeigen sollen, daß sowohl der gesunde Menschenverstand wie auch die scholastischen Lehren keine rechten Ideen bezüglich Formen und Eigenschaften haben.

Nachdem er gesagt hat, wie die Materie in seinem imaginären Universum nicht beschaffen sein kann, gibt Descartes genauer die Formen an, die sie besitzt. Sie „läßt sich in so viele Teile mit so vielen Gestalten teilen, wie wir uns vorstellen können, und ... jedes ihrer Teile ist so vieler verschiedener Bewegungen fähig, wie wir uns nur denken können" (11,34). Descartes fordert seine Leser auf, mit ihm anzunehmen, daß die von ihm beschriebene Materie sich nicht nur teilen und unterscheiden läßt, sondern daß Gott sie wirklich teilt und daß alle Unterschiede, die er in ihr schafft, „aus der Mannigfaltigkeit der Bewegungen [bestehen], die er ihren Teilen gibt", d. h. Mannigfaltigkeit in bezug auf die Geschwindigkeit und Richtung der Bewegung in den Teilen.

Anschließend beschreibt Descartes als „Gesetze der Natur" drei Arten, auf die sich Materie unter der Voraussetzung verhalten muß, daß sie Länge, Tiefe und Breite sowie Teile verschiedener Gestalt besitzt, die sich mit unterschiedlichen Geschwindigkeiten bewegen. Das erste Gesetz besagt, daß jedes Teil, solange es nicht mit anderen Teilen zusammenstößt, die Gestalt, Größe, Bewegung oder Ruhe beibehält, die es ursprünglich hat (11,38). Das zweite Gesetz besagt, daß ein Teil der Materie durch einen Zusammenstoß nur soviel an Bewegung gewinnen kann, wie das Teil verliert, das mit ihm zusammenstößt (11,41). Und das dritte Gesetz besagt schließlich, daß die Bewegung eines bewegten Körpers zur Geradlinigkeit *neigt*, auch wenn sie tatsächlich durch einen Zusammenstoß kreisförmig oder kurvenförmig ist (11,43). Nach der Abhandlung *Die Welt* müssen der Materie keine anderen Eigenschaften als räumliche Ausdehnung und Bewegung zugeschrieben werden, um die Vorgänge in der unbelebten Welt zu verstehen; auch sind keine weiteren Gesetze außer den drei genannten anzunehmen, um die allgemeinsten Wirkungen in der Natur zu beschreiben: Teilung, Deformation und Anhäufung von Materie durch Stoß, sowie Zunahme oder Abnahme von Bewegung (vgl. 11,47).

Descartes schrieb der Materie zwar sowohl Ausdehnung wie Bewegung zu, hielt aber nur die Ausdehnung – die dreidimensionale Räumlichkeit – für wesentlich. Nirgendwo sagt er, daß die Materie bewegte Teilchen besitzen müsse; seiner Auffassung nach sind die natürlichen Wirkungen zu erwarten, die wir faktisch auch beobachten, *wenn* die Materie Teilchen besitzt, die durch Bewegung unterscheidbar sind. Insbesondere vertrat er die Auffassung, daß die Wirkungen genau die sind, die wir beobachten, wenn Teile der Materie in einem vakuumfreien Raum sich durch die Mannigfaltigkeit von kreisförmigen Bewegungen unterscheiden (vgl. 11,19). Astronomische Wirkungen wie die Bahnen und Geschwindigkeiten der Planeten führte Descartes auf eine kreisförmige Bewegung nach Art eines Wirbels in der himmlischen Materie zurück. So werden die Planeten seiner Ansicht nach in einer Wirbelbewegung mit der Sonne als Mittelpunkt bewegt, und in größerer Nähe zu uns bewegt ein anderer Wirbel den Mond um die Erde. Die örtliche Wirbelbewegung erklärt dann auch, weshalb Gegenstände auf der Erdoberfläche nicht während der Erdrotation auf einer Tangente davonfliegen: Der Wirbel sorgt dafür, daß alle Gegenstände auf der Oberfläche zum Mittelpunkt des Wirbels (dem Erdmittelpunkt) hin gravitieren. Ganz ähnlich fliegen die Planeten bei ihrer Bewegung um die Sonne nicht in den Weltraum davon, weil sie zum Mittelpunkt *ihres* Wirbels hin gravitieren.

Es waren diese Thesen über die Planetenbewegung, mit denen Descartes die Inquisition in Rom herauszufordern fürchtete. Die einzige damals von der Kirche zugelassene Lehre war die, welche die Scholastiker von Aristoteles übernommen hatten. Sie besagte, daß die Erde das feststehende Zentrum des Firmaments ist. *Die Welt* enthielt jedoch auch andere Behauptungen, die den Vertretern der römisch-katholischen Kirche wenig gefallen hätten. Dort wurde z. B. angenommen, daß Gott, sobald er der Materie ihre ursprüngliche Bewegung verliehen hatte, nicht weiter in den Naturlauf eingreifen und nur mittels der drei Gesetze der Natur für ihren Erhalt sorgen würde. Anders gesagt gibt es keine Wunder, die den Lauf der Natur unterbrechen (11,48). Eine solche Behauptung allein hätte schon für die Anklage der Gottlosigkeit ausgereicht.

Um seine Physik annehmbar zu machen, mußte Descartes sie entweder auf eine Weise umarbeiten, die auch die Kirche zufriedenstellen konnte, oder aber er mußte die Folgen seiner Lehre verschleiern oder die gesamte Lehre auf Prinzipien gründen, die auch seine scharfsichtigsten religiösen Kritiker nicht beanstanden konnten. Er entschied sich schließlich in den *Meditationen* und den *Prinzipien der Philosophie* für diesen dritten Weg und versuchte zu zeigen, daß die wissenschaftliche Kenntnis der physischen Welt von der Existenz eines Geistes oder einer Seele abhängt, die vom Körper unterschieden sind, eines Geistes oder einer Seele, die schon um Gott wissen müssen, bevor sie die Prinzipien einer angemessenen Physik überhaupt erfassen können. Vorerst jedoch verlegte sich Descartes auf die auszugsweise Mitteilung des Inhalts seiner Abhandlung „Die Welt“ und auf eine eingängige, aber nur skizzenhafte Darstellung seiner wissenschaftlichen Methode.

8. Drei Proben von einer Methode

Nachdem er sich entschlossen hatte, seine Physik nicht zu veröffentlichen, mußte Descartes auch in bezug auf die Abhandlung *Über den Menschen*, die als eine Art Anhang geplant war, zu einer Entscheidung kommen. Dieses Werk befaßt sich mit der Natur des Menschen bzw. mit den Ebenbildern des Menschen auf der imaginären Erde, die in der Abhandlung über die Physik beschrieben wird. Das Buch besaß einen einfachen Aufbau. Zunächst wollte Descartes darin „den [menschlichen] Körper selbst [beschreiben], dann die Seele für sich genommen und schließlich, wie diese beiden Naturen zusammengebracht und vereinigt werden mußten, um zu Menschen zu kommen, die uns ähnlich sind" (11,120).

Die Beschreibung des „Körpers selbst" fußte zum Teil auf einer Abhandlung über Optik, an der Descartes schon 1630 gearbeitet hatte. Dieses Material wurde nun gesichtet und wahrscheinlich erweitert, bis 1635 schließlich eine publizierbare Form unter dem Titel *Dioptrik* vorlag. Andere, schon seit 1629 geplante Essays sollten sich u. a. mit „den Ursachen der Winde und des Donners" und „den Farben des Regenbogens" beschäftigen (vgl. 1,338 ff.) und unter dem Titel *Météors* (Lufterscheinungen) als Proben seiner Methode veröffentlicht werden. Ein eigenständiger *Discours* – die schon erwähnte Pseudoautobiographie – sollte als Einführung in die Methode selbst und in ihre Anwendung in den beiden anderen Texten dienen. Während die *Météors* noch in Druck waren, wahrscheinlich Ende 1636, arbeitete Descartes an seiner *Geometrie* als drittes Beispiel für die Methode. Den *Discours de la Méthode* schrieb er zuletzt, und die vier Arbeiten wurden 1637 gemeinsam als ein Werk veröffentlicht.

Mit der literarischen Form des *Discours* und des Essays umging Descartes viele Probleme, die ihn früher an der Veröffentlichung gehindert hatten. Für ihn war es schwierig, lange Werke zu verfassen; die nun gewählte Form erlaubte dagegen die Kombination einer Reihe kürzerer Arbeiten zu einer Art Sammlung oder Mappe mit seinen besten Ergebnissen. Er wollte das Risiko einer Konfrontation mit der Kirche nicht eingehen, und die Veröffentlichung von Proben oder Beispielen seiner Arbeit erlaubte ihm, seine Methode bekanntzumachen, ohne ihre umstrittene Anwendung in Verbindung mit den Planetenbewegungen offenzulegen. Schließlich wußte er auch, daß seine Bewunderer in Paris von ihm die Ausarbeitung von Ideen erwarteten, die sie bruchstückhaft in den 1620er Jahren kennengelernt hatten; sie würden von den Essays über die Optik, Geometrie und Meteorologie keineswegs enttäuscht sein. In Paris hatte Descartes mit Mydorge und Mersenne beim Studium der Lichtbrechung zusammengearbeitet, und er führte diese Untersuchungen in seiner *Dioptrik* fruchtbar fort. Auch die Maschine zum Schleifen von Teleskoplinsen, die er in Briefen an Ferrier beschrieben hatte, wurde in diesem Buch eingehender behandelt. In der *Geometrie* stellte er ausführlicher seine Lösungen geometrischer Probleme vor, die er Mydorge und Hardy in Paris schon privat erläutert hatte. Schließlich veröffentlichte Descartes in den *Météors* einige Hypothesen, die er schon vor Beginn seiner Arbeit an der Abhandlung *Die Welt* formuliert zu haben scheint, möglicherweise während seines Aufenthaltes in Paris.

Aus einem Brief vom Februar 1637 (1, 347) können wir schließen, daß Mersenne Descartes zur Publikation auch seiner Physik zusammen mit dem *Discours* drängte, damit die Öffentlichkeit nicht ewig auf seine weiteren Arbeiten warten mußte. Descartes wies das Ansinnen freundlich zurück. Er hatte die Hoffnung auf eine Veröffentlichung der Physik nicht aufgegeben, aber er wollte ein günstigeres geistiges Klima abwarten und glaubte, der *Discours* und die *Essays* würden helfen, den Boden dafür zu bereiten. Im Begleitbrief zu einem der Buchexemplare, die er privat versandte, schrieb er, „der ganze Zweck" ihrer Veröffentlichung bestehe darin, den Weg für seine Physik zu ebnen.

Was enthielten nun die drei erwähnten *Essays*? Die *Dioptrik* befaßt sich mit dem Licht, dem Sehen und den künstlichen Mitteln der Erweiterung der menschlichen Sehfähigkeit. Der Text wurde ‚Dioptrik' betitelt, weil es in ihm eher um die Lichtbrechung als um die Lichtreflektierung (‚Katoptrik') geht. Descartes hatte die Natur des Lichts schon ausführlich am Ende seiner Abhandlung *Die Welt* behandelt und nahm dieses Thema nun im ersten Kapitel der *Dioptrik* wieder auf. Er bat seine Leser um Kommentare, Fragen und Einwände zu allen drei Essays; möglicherweise hoffte er, jemand würde ihn auffordern, die Theorie des Lichts weiter auszuarbeiten, als er dies in der *Dioptrik* getan hatte. Daraufhin hätte er weiteres Material aus *Die Welt* vorlegen können.

Die *Dioptrik* beginnt sehr zurückhaltend in ihren Ausführungen zur Natur des Lichts: „Ich brauche nicht zu versuchen, seine wahre Natur anzugeben. Es genügt, denke ich, wenn ich zwei oder drei Vergleiche benutze..." (6,83) Descartes verglich die enorme Geschwindigkeit, mit der sich das Licht durch die Luft und andere durchsichtige Körper bewegt, damit, wie der Widerstand, auf den der Stock eines Blinden trifft, durch den Stock augenblicklich auf die Hand des Blinden einwirkt. Die Ursache der Farberscheinungen verglich er mit den Bewegungen, die ein Ball annimmt, wenn er von unterschiedlich beschaffenen Oberflächen abprallt. Mit diesen Vergleichen wollte er seine Form von Erklärung annehmbar machen, die alle sinnlichen Erscheinungen auf den Kontakt zwischen bewegten Körpern zurückführte. Manche seiner Vergleiche waren nicht ganz glücklich gewählt, denn sie zwangen ihn zu der – falschen – Behauptung, daß ein Lichtstrahl ein Medium um so schneller durchquert, je dichter das Medium ist. Der englische Philosoph Hobbes und die französischen Mathematiker Fermat und Roberval wiesen schon bald auf diese unhaltbare Implikation von Descartes' optischer Theorie hin, und auch andere in ihr enthaltene Aussagen über die Natur des Lichts wurden kritisiert.

Die Vergleiche zu Beginn der *Dioptrik* waren aber immerhin genau genug, um eine Formulierung des Sinusgesetzes der Strahlenbrechung zu erlauben, das allgemein die Art der Ablenkung eines Lichtstrahls im Verhältnis zur Dichte des durchquerten Mediums bestimmt. (Es ist nicht ganz klar, ob Descartes dieses Gesetz selbst entdeckte oder von dem holländischen Wissenschaftler Snell übernahm, dem es gewöhnlich zugeschrieben wird.) In späteren Kapiteln der *Dioptrik* geht es dann um den Aufbau des Auges, die Wahrnehmung von Entfernungen und die beste Gestalt und Anordnung von Linsen für das weite und das mikroskopische Sehen.

Die *Météors* sind in zehn Kapitel über verschiedene Themen unterteilt: irdische Körper, Dämpfe und Gase, die Natur des Salzes, die Winde, Wolken, Regenbogen, Schnee und Hagel, Stürme und einige weitere Phänomene. Abgesehen von seiner Theorie des Regenbogens zeichnet sich dieser Essay vor allem durch die Knappheit und Einheitlichkeit seiner Erklärungen aus. In Kapitel 5 der Abhandlung *Die Welt* machte sich Descartes an die Konstruktion einer imaginären Welt aus jener Art von Materie, der er nur Bewegung, Größe, Gestalt und bestimmte Anordnungen der Teilchen zuschrieb (11,26). In den *Météors* dagegen wollte er auf derselben Grundlage ganz bestimmte Arten von Erscheinungen erklären, und damit stand er durchaus nicht allein. Galilei und später Boyle und Newton arbeiteten etwa mit den gleichen Bedingungen. Die *Météors* stellten mit ihren Erklärungen mittels Materie und Bewegung nur einen Versuch unter anderen dar, aber Descartes neigte dazu, die Entwicklung dieser Erklärungsart allein für sich zu beanspruchen. In seiner Erwiderung auf die Einwände von Jean-Baptiste Morin, einem Professor am Pariser Collège de France, gegen die *Météors* weist er auf folgendes hin:

„... Ihr müßt bedenken, daß man in der ganzen Geschichte der Physik bloß versucht hat, sich irgendwelche Gründe zur Erklärung der Naturerscheinungen vorzustellen, ohne damit kaum je Erfolg zu haben. Vergleicht meine Hypothesen mit den Hypothesen anderer. Vergleicht all ihre realen Eigenschaften, ihre substantiellen Formen, ihre Elemente und zahllosen weiteren Annahmen mit meiner einzigen Hypothese, daß alle Körper aus Teilen bestehen ... Vergleicht die Ableitungen, die ich aus meinen Hypothesen gewonnen habe – über das Sehen, das Salz, die Winde, die Wolken, den Schnee, den Donner, den Regenbogen usw. – mit dem, was andere aus ihren Hypothesen über dieselben Gegenstände abgeleitet haben!" (2, 196)

Damit beansprucht er, mit einem Streich den ganzen überholten Apparat der scholastischen Physik überwunden zu haben.

Die von Descartes verworfene Erklärungsart bestand darin, die beobachteten Eigenschaften einzelner Gegenstände auf die Naturen oder Formen zurückzuführen, die Einzelnes eher der einen als einer anderen Art zugehörig sein ließen. Im Hintergrund dieser Erklärungsart stand die Annahme, daß die Natur in sich geordnet und unveränderlich sei und daß jedes Ding in ihr aufgrund seiner Natur sein angemessenes und charakteristisches Verhalten und seine ihm entsprechende Entwicklung habe. So ist es für Steine natürlich, dem Mittelpunkt des Universums zuzustreben, weil eben dies in ihrer Natur liegt. In der Natur der himmlischen Materie liegt es, regelmäßig und ewig in ihrer Bahn zu verharren, und die Natur der Eichel ist es, zu einer Eiche zu werden. Soweit mit den beobachteten Dingen nichts Außergewöhnliches geschieht, kann ihr ganzes Verhalten auf eine zugrundeliegende unveränderliche Natur oder Form zurückgeführt werden, die für jede beobachtbare Art von Ding eine andere ist. Kann das Verhalten eines Gegenstandes nicht auf seine Form zurückgeführt werden, dann muß das an dem Stoff liegen, aus dem er gemacht ist, oder an dem Zweck, den er erfüllen würde, wenn er erst ein voll entwickeltes Exemplar seiner Art geworden ist. Neu entdeckte Eigenschaften von Substanzen mußten bis dahin *ad hoc* erklärt werden, indem man die Eigenschaften oder Formen ergänzte, die jene Substanzen, wie man annahm, ihrer Natur nach besaßen. Es war genau diese Art der Erklärung *ad hoc*, über die sich Molière in seiner Geschichte von dem Arzt lustig macht, der die schlafbringende Wirkung des Opiums auf dessen verborgene narkotische Kraft zurückführt. In einem Brief schrieb Descartes 1642, daß er diese Kräfte oder Eigenschaften, auch wenn er sie in den *Météors* nicht geleugnet oder verworfen habe, einfach „überflüssig" für seine Erklärungen fand (7,491).

Die „einzige Hypothese", die er statt dessen benutzte, war, wie die *Météors* zeigten, weit wirkungsvoller als die scholastischen Annahmen über Formen und Eigenschaften. Zu Beginn seines Buches erklärt Descartes nur mit Bezug auf Form und Anordnung der Teile der Materie, wie feste und flüssige Körper geformt werden können. Um die Übertragung von Licht zu erklären, postuliert er eine sehr feine Art von Materie, die den Sinnen nicht zugänglich ist, sich jedoch zwischen den winzigen Teilchen oder „Poren" eines jeden festen oder flüssigen Körpers verteilt findet. Diese Materie erzeugt Wärme, und zwar im Verhältnis zur Stärke ihrer Erregung durch die Strahlen der Sonne. Descartes erklärt damit, weshalb uns am Tag wärmer ist als bei Nacht, und weshalb es immer wärmer wird, je näher man dem Äquator kommt. Diese sehr feine Materie wird auch in anderen von ihm aufgestellten Hypothesen vorausgesetzt. So führt die Erregung der feinen Materie in den Poren der Körper beispielsweise dazu, daß sich kleine Teile dieser Körper ablösen und in die Luft aufsteigen, womit Dämpfe entstehen. Salz besteht aus langen, wenig flexiblen Teilchen, die nicht zusammen mit dem Wasser verdampfen, in dem sie sich befinden: Sie sind zu schwer und starr, um sich in der Luft halten zu können. Seewasser läßt sich entsalzen, indem man es durch Sand führt, denn die Teilchen des Sandes halten die langen, wenig biegsamen Teilchen des Salzes zurück, lassen aber die Wasserteilchen durch.

Soweit einige Illustrationen der in den ersten Abschnitten der *Météors* systematisch erklärten Phänomene.

Bei weitem nicht alles, was dort ausgeführt wird, ist richtig. Die ‚Tatsache', daß Wasser schneller gefriert, wenn es zuvor gekocht wird, ist in Wahrheit gar keine ‚Tatsache', und einige von Descartes' ‚Erklärungen' lassen sich experimentell leicht widerlegen. Erfolgreicher hingegen war seine Beschäftigung mit dem Regenbogen, denn in diesem Fall konnte er sein Gesetz der Strahlenbrechung zu Hilfe nehmen, um die kreisförmige Gestalt des Bogens zu erklären, wenn auch nicht die Anordnung der Farben.

Bei der Erläuterung der Absicht seiner Essays (9 B, 15) erklärt Descartes, daß seine *Dioptrik* auf eine nützliche Kunst aufmerksam mache (die Kunst der Herstellung von Fernrohren), die durch seine Wissenschaft möglich geworden sei, während die *Météors* im Hinblick auf Gegenstände, mit denen sich auch die scholastische Physik befaßte, zeigen sollten, wie viel weiter man mit neuen Hypothesen kommen konnte. „In der *Geometrie* schließlich wollte ich zeigen, daß ich verschiedene Dinge entdeckt hatte, die zuvor unbekannt gewesen waren ..." (9 B, 15)

Descartes glaubte, daß seine besten Ergebnisse im dritten Essay enthalten waren. Einige Neuerungen in der mathematischen Notation und in bezug auf die vorherrschende Auffassung über die Verfahren der Quadrierung, der Kubierung etc. wurden schon in Verbindung mit den *Regulae* erwähnt. Eine weitere Neuerung war die Beschreibung einer Maschine zum Zeichnen von Kurven. Bis dahin hatten Kurven als mit streng geometrischen Techniken unbeschreibbar gegolten, und die Kurvenzeichnung wurde deshalb mehr als ‚mechanische' denn als ‚geometrische' Technik betrachtet. Descartes zeigte, daß viele ‚mechanische' Figuren sich in der Tat an geometrische angleichen lassen. Zudem legte er eine voll entwickelte Theorie der Gleichungen und der Darstellung von Linien und Figuren durch Gleichungen vor. Die Beziehung von Descartes' Theorie der Gleichungen zu denen seiner Vorgänger sollte Gegenstand eines langen Streits zwischen Descartes und anderen Mathematikern werden.

Man ist sich darin einig, daß Descartes seine *Geometrie* und deren Methode komplizierter als nötig erscheinen ließ – sehr wahrscheinlich eine Art Absicherung gegen geistigen Diebstahl. Aber die Folge war auch, daß nur wenige in der Lage waren, seine Neuerungen zu würdigen. Die Leser der *Geometrie* gewannen sicher den Eindruck, daß Descartes ein hochbegabter Mathematiker war; unter anderem gelang es ihm als erstem, ein Problem des antiken Geometers Pappus zu lösen. Aber die allgemeine Methode blieb in Descartes' Buch doch ziemlich schwer zugänglich; gestandene Mathematiker waren verwirrt, unter ihnen auch derjenige, der Descartes angeregt hatte, das Problem des Pappus zu lösen.

9. Eine neue ‚Logik'

Dioptrik, *Météors* und *Geometrie* standen nicht für sich, sondern sollten eine neuartige Methode des Vernunftgebrauchs in den Wissenschaften verdeutlichen. Descartes glaubte, mit Hilfe seiner Methode eine vollständige Physik hervorbringen zu können, aber er hielt sich diesbezüglich mit Ankündigungen zurück. Das Potential der Methode, so hoffte er allzu optimistisch, würde aus seinen allgemeinen Erklärungen und den Anwendungen in den *Essays* klar ersichtlich werden. Aber die *Essays* blieben nicht unumstritten, und seine Erklärung der Methode wurde von einigen Lesern als dürftig und nicht wirklich schlüssig kritisiert. Wie wir noch sehen werden, sah sich Descartes schließlich gezwungen, die Lücken mit metaphysischen Prinzipien zu füllen.

Seine Methode behandelte der Philosoph in dem als Einleitung zu den *Essays* verfaßten Text *Von der Methode des richtigen Vernunftgebrauchs und der wissenschaftlichen Forschung*, besser bekannt unter dem Titel *Discours de la Méthode*. Ursprünglich sollte das Werk einen anderen und etwas umständlichen Titel erhalten: *Plan für eine universelle Wissenschaft, die unsere Natur zum höchsten Grad ihrer Vollkommenheit führen kann*. Mersenne riet Descartes jedoch zu einem einfacheren Titel, und so entschloß sich der Autor, sein Werk *Discours de la Méthode* zu nennen, weil es sich dabei weniger um einen Traktat als vielmehr um eine „Mitteilung" oder „Ankündigung" (*avis*) der Methode handelte, die in den *Essays* zu finden sein würde.

Diese „Mitteilung" hatte eine ungewöhnliche Form. Descartes wollte damit Personen erreichen, die noch nicht „eingeweiht" waren, und entsprechend verfaßte er seinen Text in Französisch und nicht in Latein. Äußerlich betrachtet handelte es sich bei dem anonym veröffentlichten Werk um die Autobiographie eines nicht näher benannten Intellektuellen. Dem Leser stellten sich die Ereignisse im Leben des Autors nicht nur als Geschehnisse in einer Fabel dar, er blieb auch im unklaren darüber, wer der Erzähler war. (Es sprach sich allerdings rasch herum, daß Descartes der Verfasser war.) Vieles andere wurde im *Discours* nur eben angedeutet, und dazu gehörte auch, wie der Autor selbst zugab, die Funktionsweise der Methode, der das Buch gewidmet war. Im Begleitbrief zu einem Vorausexemplar des Buches schrieb Descartes, er schlage „eine allgemeine Methode vor, die er nicht wirklich entwickle" (1,368).

Sehr wahrscheinlich hatte er schon die *Regulae* oder einen anderen weiterführenden Text in der Schublade, worin die Methode vollständig erläutert wurde. Im *Discours* jedenfalls gelangte er nicht über die Feststellung von vier Regeln hinaus:

> „Die erste besagte, niemals eine Sache als wahr anzunehmen, von der ich nicht evidentermaßen erkenne, daß sie wahr ist: d.h. Übereilung und Vorurteile sorgfältig zu vermeiden und über nichts zu urteilen, was sich meinem Denken nicht so klar und deutlich darstellte, daß ich keinen Anlaß hätte, daran zu zweifeln.
>
> Die zweite, jedes Problem, das ich untersuchen würde, in so viele Teile zu teilen, wie es angeht und wie es nötig ist, um es leichter zu lösen.
>
> Die dritte, in der gehörigen Ordnung zu denken, d.h. mit den einfachsten und am leichtesten zu durchschauenden Dingen zu beginnen, um so nach und nach, gleichsam über Stufen, bis zur Erkenntnis der zusammengesetzten aufzusteigen, ja selbst in Dinge Ordnung zu bringen, die natürlicherweise nicht aufeinanderfolgen.
>
> Die letzte, überall so vollständige Aufstellungen und so allgemeine Übersichten aufzustellen, daß ich versichert wäre, nichts zu vergessen." (6, 18–19)

Die letzten drei dieser Regeln entsprechen genau den oben schon erwähnten Regeln 5, 6 und 7 der *Regulae*. Dieselbe Betonung wird auf die Zerlegung von Problemen in ihre Bestandteile, auf den Vorrang des „Einfachen" und auf die übersichtliche Darstellung der relevanten Tatsachen gelegt.

Wie steht es aber mit der ersten der vier Regeln? Auch sie erinnert an die *Regulae*, deren zweite Regel lautet: „Nur mit solchen Gegenständen darf man umgehen, zu deren zuverlässiger und unzweifelhafter Erkenntnis unsere Erkenntniskraft offenbar ausreicht." (10, 362) In den *Regulae* hatte Descartes die entsprechenden „Gegenstände" mit den Zahlen und Figuren der Arithmetik und Geometrie und ihren zugehörigen Beweisen gleichgesetzt (10, 364–5). Im *Discours* jedoch scheinen selbst die mathematischen Beweise zu den bezweifelbaren Dingen zu gehören (vgl. 6, 32). Daraus ergibt sich die Frage, ob Descartes bei der Formulierung der ersten Regel seiner Methode im *Discours* einen neuen Standard für das zugrunde legt, was klar und unbezweifelbar ist. Nahm er nicht länger an, daß man es in der mathematischen Reflexion mit den denkbar klarsten und unzweifelhaftesten Gegenständen zu tun hat? Allem Anschein nach hielt er die Mathematik weiterhin für klar und unbezweifelbar, dachte aber, daß die Gewißheit der Mathematik sich nur im Licht von Wahrheiten in bezug auf Gott und die Seele richtig erfassen ließe. Im *Discours* wird die Klarheit der Mathematik nicht bestritten, es wird nur angenommen, daß metaphysische Dinge noch klarer als mathematische sind. Insofern scheint die erste Regel des *Discours* sich also von den *Regulae* zu lösen und eine neue Konzeption des Klaren und Unbezweifelbaren zugrunde zu legen.

Im *Discours* werden die vier Regeln der Methode mit einigem Triumph verkündet. Descartes stellt sie als Verkörperung einer völlig neuartigen „Logik" vor, die die Aristotelische Syllogistik hinter sich läßt (6, 17). Anschließend hält er sich zugute, die alte Logik durch eine so knappe und geschlossene Folge von Regeln ersetzt zu haben. Diese Knappheit sollte ihn jedoch, wie wir gesehen haben, in Verlegenheit bringen, denn sie zog ihm den Vorwurf zu, gar keine ausgereifte Methode vorgelegt zu haben, und auch seine andere stolze Behauptung ist nicht unproblematisch.

Was meinte er damit, daß seine Methode eine neue *Logik* darstelle? Zumindest meinte er folgendes: Wenn man in einer Untersuchung keine Schlüsse außer denen zog, die seine Regeln gestatteten, dann wären diese Schlüsse wirklich sicher oder bewiesen. Die Regeln begründeten eine *neue* Logik, weil Descartes im Gegensatz zur Aristotelischen Theorie des Beweises die Unanfechtbarkeit eines Vernunftschlusses nicht an die Beziehung zwischen den Formen der Prämissen und der Schlußfolgerung knüpfte – d. h. nicht an die Verbindung von Prämissen und Folgerung aus der richtigen Verknüpfung von Subjekten und Prädikaten –, sondern an die Auswirkungen, die Aussagen auf einen Verstand haben, der sich so weit vervollkommnet hat, daß er ein ideales Niveau von Aufmerksamkeit und Bedachtsamkeit erreicht hat. Später wurde die Einführung psychologischer Kriterien der Schlüssigkeit und Wahrheit in die Logik oftmals als Rückschritt betrachtet. Aber ein näherliegendes Problem liegt in der Frage, ob die Beweise in den *Essays* nach den Standards der neuen Logik wirklich als schlüssig gelten können.

Dieses Problem kam in Descartes' Briefwechsel zur Sprache. Mersenne wollte wissen, ob Descartes seine Ausführungen über die Lichtbrechung als Beweis betrachtete, und Descartes erwiderte:

> „Ich glaube, es handelt sich um einen Beweis, soweit sich auf diesem Gebiet ein Beweis geben läßt, ohne daß zuvor die Prinzipien der Physik durch die Metaphysik bewiesen worden sind – was ich eines Tages zu tun hoffe, was aber bisher noch nicht getan wurde –, und soweit es möglich ist, die Lösung irgendeines Problems der Mechanik, der Optik oder der Astronomie oder eines anderen Gebietes außerhalb der reinen Geometrie oder Arithmetik zu beweisen. Jedoch verlangte man das Unmögliche, wollte man geometrische Beweise auf einem Feld im Bereich der Physik fordern." (2, 134)

Tatsächlich weckt der *Discours* selbst die Erwartung von Beweisen in der Physik, die den geometrischen Beweisen ähneln, denn hier ist die Rede von der Möglichkeit, „daß *alle* Dinge, die menschlicher Erkenntnis zugänglich sind, einander auf dieselbe Weise folgen", wie „jene langen Ketten ganz einfacher und leichter Begründungen, die die Geometer zu gebrauchen pflegen". (6, 19; Hervorh. T. S.)

In Briefen nach der Veröffentlichung des *Discours* und der *Essays* sagt Descartes, es gebe in den Wissenschaften mehr als nur eine Art von Beweisen, und er fügt hinzu, in der *Dioptrik* und den *Météors* habe er zu erkunden gesucht, wie Hypothesen selbst durch ihre Erklärungskraft bewiesen werden (vgl. 1, 558; 2, 196). Die Behauptung, Hypothesen könnten auf diese Art „veranschaulicht" oder „bewiesen" werden, ist völlig einwandfrei, solange man sich nicht genau festlegt, was man unter einer Veranschaulichung oder einem Beweis versteht. Aber Descartes geht es um eine neue Logik, eine Theorie, die behauptet, genau – und nicht nur ungefähr – anzugeben, was als Beweis zu gelten hat, und es ist nicht klar, daß ihre Regeln wirklich Raum für eine solche Art „empirischer" Demonstration lassen.

Um beispielsweise eine Reihe der Beweise in den *Météors* akzeptieren zu können, muß man die Annahme teilen, daß Licht mittels der Erregung einer sehr feinen Art von Materie agiert, die sich in den winzigen Poren der Körper verteilt findet. Nun ist die Existenz einer solchen feinen Materie aber alles andere als offensichtlich, und ebenso fragwürdig ist, ob Körper über winzige Poren verfügen oder ob Licht über eine solche feine Materie übertragen wird. Die erste Regel der Descartschen Logik schreibt vor, daß wir unsere Urteile ausschließlich auf das beschränken, was eindeutig klar ist und keine Ungewißheiten enthält. Diese Regel scheint aber die Beweise der *Météors* schon außer Kraft zu setzen, bevor sie überhaupt vorgebracht werden.

Descartes selbst wies auf dieses Problem seiner Methode hin: Nur rein mathematische Begründungen können wirklich als unbestreitbar gelten; sobald eine Begründung auf außermathematischen Annahmen fußt, wie in den *Météors* oder in der *Dioptrik*, verliert sie die Strenge, die sie über jeden Streit erhaben sein läßt. Wie wir gesehen haben, bemerkte Descartes gegenüber Mersenne, daß dieses Problem einzig durch einen „Beweis der Prinzipien der Physik durch die Metaphysik" zu lösen war. Gemeint war damit ein abstrakter Beweis. Die *Essays* demonstrierten seine Prinzipien bereits auf eine einfachere Art und Weise: Die auf ihnen basierenden Arbeiten in Optik und Meteorologie konnten einfach und einheitlich eine ganze Reihe von Phänomenen erklären. Das war jedoch weit weniger, als zu erhoffen war, denn man konnte sich zumindest vorstellen, daß andere Prinzipien als diejenigen Descartes' eine ebenso einfache und einheitliche Erklärung genau der gleichen Phänomene erlaubten. Aus diesem Grund erschien eine unabhängige Begründung für die Annahme der Prinzipien wünschenswert.

10. Das Bedürfnis nach einer Metaphysik

Teil vier des *Discours* entwickelt die Argumentation, die Descartes' Physik untermauern soll. Im Mittelpunkt dieser Argumentation steht die Aussage, der Mensch sei die Schöpfung eines höchst wohlwollenden Gottes, der uns eine Spielart seiner eigenen Intelligenz verliehen habe. Gott hat den Menschen mit einer Reihe „einfacher" Gedanken ausgestattet, die angesichts seiner Güte nicht falsch sein können. Zu diesen Gedanken gehören all jene, die für das richtige allgemeine Verständnis der Materie vonnöten sind, d. h. für eine wahrheitsgemäße Physik. In Teil vier des *Discours* beschreibt Descartes die Überlegung, die ihn zur Annahme der Existenz Gottes und seiner Vollkommenheit und damit zu der Annahme geführt hat, daß dieser Gott uns nicht täuschen kann. Er beginnt mit der Entdeckung einer notwendigen Verbindung seines Denkens und seiner Existenz, geht weiter zur notwendigen Objektivität seiner Idee Gottes und gelangt dann zu Schlüssen in bezug auf die geistigen Fähigkeiten von Geschöpfen, die darauf vertrauen können, daß ein wohlwollender Gott ihrem Geist keine falschen einfachen Gedanken eingegeben hat.

Mit seiner Skizze dieser metaphysischen Überlegung im *Discours* war Descartes nicht zufrieden. Wie er in einigen seiner Briefe erklärte (vgl. 1, 347, 558), war das Werk übereilt abgeschlossen worden. Er hatte am vierten Teil des *Discours* noch gearbeitet, während die früheren Teile sowie zwei der *Essays* bereits in Druck waren, und er mußte die letzten Seiten auf Drängen seines Verlegers möglichst rasch abliefern. Eine weitere Ursache für die Unklarheiten im vierten Teil des *Discours*, sagt er, sei auf seinen starken Widerwillen gegen gewisse Argumente zurückzuführen, mit deren Hilfe der Geist für metaphysische Wahrheiten erst empfänglich gemacht werden mußte. In einem Brief an Vatier schreibt er am 22. Februar 1638:

> „Ich wagte nicht, mich auf die Argumente der Skeptiker im einzelnen einzulassen, noch wagte ich, alles vorzubringen, was notwendig ist, *um den Geist von den Sinnen abzuziehen.* Man kann sich der Gewißheit und Evidenz meiner Art von Argumentation für die Existenz Gottes nicht wirklich gewahr werden ohne eine deutliche Erinnerung an die Argumente, die die Ungewißheit all unseres Wissens über körperliche Dinge zeigen, und mir schien es nicht angebracht, diese Gedanken in ein Buch aufzunehmen, von dem ich wünschte, daß sogar Frauen es verstünden, während es zugleich die feinsten Geister zum Nachdenken anregen sollte." (1,558)

Descartes fürchtete jedoch nicht nur, seine Leser mit der an sich notwendigen Argumentation zu überfordern; vor allem wollte er den Eindruck vermeiden, selbst ein philosophischer Skeptiker zu sein. Im vierten Teil des *Discours* begnügte er sich mit der Feststellung, daß die Gewißheit der Existenz Gottes *größer* als die der Existenz materieller Dinge und eine Voraussetzung für deren Erkenntnis sei. Er wollte die Möglichkeit einer Wissenschaft von den materiellen Dingen nicht leugnen, aber um all dies zu erklären, hätte er weit mehr Raum benötigt. In der „Ankündigung" seiner Methode mußte vieles ungesagt bleiben, und entsprechend unbefriedigend waren seine Ausführungen.

Angesichts des wenigen an Metaphysik, das der *Discours* enthielt, überrascht es einigermaßen, daß einer seiner Leser, ein Privatgelehrter namens Pierre Petit, der mit der Überprüfung von Befestigungsanlagen in der französischen Provinz beschäftigt war, ein ganzes Bündel von Einwänden gegen den vierten Teil vorbrachte. Er nahm Anstoß an Descartes' Annahme, daß jeder Mensch eine Idee von Gott besitze, und er bezweifelte auch, daß das Wissen um die Existenz Gottes die Voraussetzung für alles sonstige Wissen sei. Die entschiedensten Atheisten, betonte Petit, wüßten sehr wohl um die Existenz der Erde und der Sonne sowie um viele andere Dinge. Descartes strafte Petits Einwände mit Verachtung und machte sich nicht die Mühe einer Erwiderung, aber er vergaß sie nicht, und im Vorwort zu den *Meditationen* spielt er auf sie an (vgl. 7, 8). Das Argument vom wissenden Atheisten wurde später auch von anderen gegen ihn ins Feld geführt.

Wären die *Essays* auf ungeteilte Zustimmung gestoßen, hätte Descartes den vierten Teil des *Discours* vielleicht gar nicht zu überarbeiten brauchen. Mit der Veröffentlichung des *Discours* und der *Essays* wollte er das Publikum auf seine Physik einstimmen. Leser, die seine Theorie der Lichtbrechung und seine Erklärung des Regenbogens freundlich aufnahmen, wären für die Lehren der Abhandlung *Die Welt* schon halb gewonnen gewesen. Aber es erwies sich als schwieriger als erwartet, die Öffentlichkeit für sich zu gewinnen. Descartes war nicht in der Lage, die erhobenen ausführlichen Einwände gegen die *Essays* und insbesondere gegen die *Geometrie* und die *Dioptrik* schlüssig zu beantworten. Im Jahr 1638, dem Jahr nach ihrer Veröffentlichung, war er ganz mit den mathematischen und wissenschaftlichen Kontroversen beschäftigt, die sein Buch ausgelöst hatte.

Unterdessen gingen auch Theologen auf Distanz, von denen Descartes sich Zustimmung zum *Discours* und den *Essays* erhofft hatte. Vorabexemplare wurden an die Jesuiten von La Flèche gesandt, aber ohne nennenswertes Ergebnis. Einer der dortigen Lehrer schrieb an Descartes, daß er seine metaphysischen Prinzipien erst deutlicher darlegen müsse, bevor er mit Kommentaren oder Einwänden rechnen konnte. Die Kirchenvertreter in Rom nahmen die gesandten Exemplare nur unter der Bedingung entgegen, daß das Werk nicht die Bewegung der Erde lehrte. Es hatte sich inzwischen bis Rom herumgesprochen, daß Descartes mit der verbotenen Lehre sympathisierte, obgleich er *Die Welt* nicht veröffentlicht hatte, und so wurde die Abfassung eines Textes immer dringlicher, aus dem eindeutig die Vereinbarkeit der Descartschen Physik mit den zentralen Dogmen des katholischen Glaubens hervorging.

Einiges Material für eine solche Abhandlung lag bereits in Form des halb fertiggestellten Buches über Gott und die Seele vor, das Descartes nach seinen ersten neun Monaten in Holland aufgegeben hatte. In einem Brief an Mersenne (vgl. 1, 347) gestand er 1637 die Schwächen des vierten Teils des *Discours* ein und sprach von seiner Hoffnung, das aufgegebene Buch überarbeiten und zu Ende bringen zu können. In diesem früheren Werk wollte er „gefunden [haben], wie sich metaphysische Wahrheiten so beweisen lassen, daß sie überzeugender sind als die Wahrheiten der Geometrie".

Auf welche Methode war Descartes gestoßen, und was alles meinte er mit „metaphysischen Wahrheiten"? Auf die Methode – gemeinhin als Methode des Zweifels bekannt – wurde bereits hingewiesen. Sie begann mit dem Entschluß, alles für falsch anzunehmen, was dem forschenden Geist auch nur im mindesten zweifelhaft scheint. Nur was den größten Anstrengungen der Widerlegung standhält, sollte als völlig gewiß gelten. In den *Meditationen*, die Descartes schließlich veröffentlichte, bediente er sich zu diesem Zweck einiger merkwürdiger skeptizistischer Hypothesen. Er stellte sich vor, in den Händen eines mächtigen Dämons zu sein, der seine Gedanken beherrschte und ihn zu lauter falschen Überzeugungen brachte. Damit dieser Dämon mit seiner Täuschung überhaupt Erfolg haben konnte, mußte außer Zweifel stehen, daß er in Descartes tatsächlich Gedanken erzeugte. Über *diese* Tatsache – daß er Gedanken hatte – konnte ihn der Dämon also nicht täuschen. Und wenn die Realität der Gedanken außer Zweifel stand, so stand ebenso auch die Existenz eines Subjekts außer Zweifel, das diese Gedanken denkt, eines denkenden „Ich". Somit lautet die erste Gewißheit der Metaphysik, daß ich denke und also existiere. Dies mußte wahr sein, auch wenn alle anderen Gedanken der Macht eines betrügerischen Dämons unterworfen sind. Und daraus, sagt Descartes, ließen sich weitere metaphysische Wahrheiten (über Gott) ableiten.

Um zu verstehen, was für Descartes der Gegenstand der Metaphysik überhaupt war, müssen wir einen Blick auf das Vorwort der französischen Ausgabe der *Prinzipien der Philosophie* werfen. „Der erste Teil der Philosophie", heißt es dort, „ist die Metaphysik, welche die Prinzipien der Erkenntnis enthält, einschließlich der Hauptattribute Gottes, der nicht-materiellen Natur unserer Seelen und aller klaren und deutlichen Begriffe, die wir in uns finden" (9B, 14). An anderer Stelle spricht er von „immateriellen oder metaphysischen" Dingen (9B, 10), als ob es in der Metaphysik um alles ginge, was nicht in der Wissenschaft von der Materie enthalten ist. Descartes scheint sich keine große Mühe mit einer genauen Definition der Metaphysik gemacht zu haben, und bei der Anführung ihrer wichtigsten Themen mag er sich an das erinnert haben, was in La Flèche als „Metaphysik" gelehrt worden war, und zudem mag er sich an dem orientiert haben, was die während seiner Pariser Zeit erschienenen Abhandlungen von Freunden enthielten. So hatte Jean Silhon 1626 eine Abhandlung mit dem Titel veröffentlicht: *Die beiden Wahrheiten: die eine in bezug auf Gott und seine Vorsehung, die andere in bezug auf die Unsterblichkeit der Seele.* Als Descartes seine *Meditationes de prima philosophia* veröffentlichte – und ‚erste Philosophie' und ‚Metaphysik' bedeuteten für ihn dasselbe –, trug die erste Ausgabe einen Untertitel nach dem Muster des Buches von Silhon: *betreffend die Existenz Gottes und die Unsterblichkeit der Seele.*

Um die Kirche zufriedenzustellen, suchte Descartes den Anschein zu erwecken, daß die *Meditationen* eine weitere (und zwar neuartige und unwiderlegbare) Verteidigung der Wahrheiten der Religion gegen die Atheisten darstellten. Als eine Art Vorwort veröffentlichte er einen Brief an die Theologen der Sorbonne. In diesem Brief beschrieb er die *Meditationen* als Antwort auf einen päpstlichen Aufruf an die christlichen Philosophen zur Widerlegung der Behauptung, daß die Seele mit dem Körper sterbe (vgl. 7, 3–4). Schon die Titel der sechs Meditationen sollten auf dieses religiöse Anliegen hindeuten. Mersenne vertraute er an, daß diese Titel

> „die Dinge [ansprechen], die ich in der Hauptsache wahrgenommen wissen will. Aber ich denke, ich habe daneben noch viele andere Dinge aufgenommen, und unter uns darf ich Euch anvertrauen, daß diese sechs Meditationen die gesamte Grundlage meiner *Physik* enthalten. Aber ich bitte Euch, das den Leuten nicht zu sagen, denn Anhänger des Aristoteles würden es dann schwerer finden, mir zuzustimmen. Ich hoffe, daß sich die Leser allmählich an meine Prinzipien gewöhnen und deren Wahrheit erkennen, bevor sie noch merken, daß die Prinzipien des Aristoteles damit zerstört werden." (3,297–8)

Die metaphysische Abhandlung hatte also einen frommen Text, enthielt aber zwischen den Zeilen zugleich einen wohlverborgenen weiteren Text, der alles andere als orthodox war.

11. Die *Meditationen*

Aus Descartes' Briefen können wir schließen, daß er im November 1636 mit der Arbeit an den *Meditationen* begann, nachdem er etwa vier Jahre in Holland gelebt hatte, selten lange am selben Ort. Erzählungen über diesen Abschnitt seines Lebens berichten von einer beinahe mönchischen Abgeschiedenheit; umgeben von wenigen Dienern und fern der Gesellschaft widmete sich Descartes demnach ganz seiner experimentellen und theoretischen wissenschaftlichen Arbeit und unternahm gelegentlich auch Ausflüge in die Philosophie. Seine Abgeschiedenheit wurde jedoch oft übertrieben. Descartes hatte eine Reihe enger Freunde, unter ihnen Constantin Huygens, der Sekretär des Prinzen von Oranien war und ebenfalls auf dem Gebiet der Optik forschte, Franz Schooten, ein Mathematikprofessor an der Universität Leyden, und – bis zu ihrer Entzweiung – auch Beeckman. Mit diesen und anderen stand er in regem Besuchs- und Briefverkehr, je nachdem, wo er gerade wohnte.

Das wenige, was wir über das private Leben des Philosophen wissen, bezieht sich überwiegend auf seine Zeit in Holland. Wahrscheinlich in Deventer, wo einer seiner jungen Anhänger 1632 eine akademische Stelle annahm, lernte er eine Frau namens Helène kennen, die seine Geliebte und die Mutter seiner außerehelichen Tochter wurde. Das Mädchen wurde am 7. August 1635 auf den Namen Francine getauft, und nach 1635 scheinen Francine und Helène getrennt von Descartes gelebt und ihn in unregelmäßigen Abständen besucht zu haben. Fremden gegenüber war er bei Besuchen bemüht, ihre Beziehung zu ihm zu verbergen; Francine gab er als seine Nichte aus. Im September 1640, als das Kind fünf Jahre alt war, erkrankte es an einem Fieber und starb. Descartes sprach vom größten Schmerz seines Lebens. Francine starb wenige Monate nach Beendigung seiner Arbeit an den *Meditationen.*

Über den Winter 1639/40 hatte er das 1629 liegengelassene Werk über Metaphysik wieder vorgenommen und fünf Monate damit zugebracht, es in eine publizierbare Form zu bringen. Das Bedürfnis nach einer Abhandlung, die auch die Zustimmung der Theologen finden würde, wuchs von Tag zu Tag. Der *Discours* und die *Essays* waren in La Flèche mit Vorsicht aufgenommen worden, im Jesuitenkolleg von Paris jedoch auf offene Feindseligkeit gestoßen, und im Sommer 1640 begann Descartes zu glauben, daß der ganze Jesuitenorden sich gegen ihn gewandt hatte. Bis zu diesem Zeitpunkt hatte er die „fünf oder sechs Bogen" seiner Metaphysik zu Papier gebracht, aber noch nicht veröffentlicht.

Was enthielt nun dieses neue Buch? Es besaß, wie der *Discours*, eine sehr ungewöhnliche literarische Form, die es ihm ermöglichte, nach außen den Anschein zu erwecken, es ginge ihm darum, einige Wahrheiten des Christentums zu beweisen. Aber unter der Oberfläche diente die literarische Form auch der verborgenen Absicht einer Destruktion der Aristotelischen Prinzipien, d.h. eben derjenigen Prinzipien, die das Herzstück der scholastischen Lehren in der Physik bildeten. Das Werk präsentierte sich als Tagebuch der sechstägigen Klausur eines Intellektuellen, die nach Art der *Geistlichen Übungen* durchgeführt wurde, die Ignatius von Loyola für die religiöse Klausur empfohlen hatte.

Jeder der sechs Tage hat seine eigene Meditation, wobei der Höhepunkt am dritten Tag erreicht wird. In der Dritten Meditation gelangt Descartes zu der Gewißheit, daß seiner Idee von Gott etwas wirklich Existierendes entspricht. Das ist angesichts der Überlegungen der vorangehenden beiden Tage ein Wendepunkt. In der Ersten Meditation bezweifelt Descartes, überhaupt eine Idee von *irgendeinem* wirklich existierenden Ding zu besitzen, und verwirft alle seine Überzeugungen über materielle Dinge und selbst seinen Glauben an die Wirklichkeit einfacher materieller Naturen als falsch. Er bezieht sich hier auf die skeptische Hypothese vom betrügerischen Dämon. In der Zweiten Meditation bemerkt er, daß die Täuschung durch einen solchen Dämon bereits ein Medium der Täuschung, nämlich das Denken, voraussetzt und damit auch einen wirklichen Denkenden, nämlich ihn selbst. Das heißt, daß sich der Zweifel vom ersten Tag nun nicht mehr auf alles bezieht, aber erst mit der Gewißheit der Existenz Gottes findet er eine Grundlage für den Glauben an die Realität von Dingen außerhalb seiner selbst und seiner Gedanken oder Ideen.

Gott versteht er als vollkommenes und deshalb von Grund auf gutes Wesen, von dem nicht angenommen werden kann, daß es einem aufmerksamen und nach Wahrheit strebenden menschlichen Geist Falsches als wahr eingibt. Irrtum ist zwar möglich, aber nur, wenn der menschliche Geist irregeht, wenn er voreilige Schlüsse zieht oder sich schlechten Gewohnheiten überläßt wie derjenigen, äußere Eigenschaften von Dingen für deren innere Beschaffenheiten zu halten. Aber wenn der Geist alle Vorsichtsmaßnahmen gegen den Irrtum ergreift, kann er sich im Glauben an die Existenz von Zahlen oder Körpern sowenig irren wie bei der Annahme, daß ein Ding, das materiell existiert, dieses innerhalb eines dreidimensionalen Raumes tut. Da Gott uns nicht so geschaffen hat, daß wir von dem getäuscht werden, was wir gar nicht anders als glauben können, weist die Tatsache, daß die Dinge dem Geist als existierend erscheinen, auf deren tatsächliche Existenz hin. Am sechsten Tag kommt Descartes zum Schluß, daß es verrückt wäre, an der Existenz materieller Dinge und an der Wirklichkeit der einfachen Naturen zu zweifeln. Die materiellen Gegenstände, sagt er, mögen in Wirklichkeit nicht so sein, wie sie den Sinnen erscheinen, aber ihre mathematischen Eigenschaften sind klar und jedem Zweifel enthoben, woraus u. a. die Möglichkeit einer mathematischen Physik folgt.

Descartes erwartete von seinen Lesern, seine Meditationen

selbst nachzuvollziehen, und hoffte, daß jeder für sich die Überlegungen anstellen würde, mit denen er seine Zweifel heraufbeschworen und dann Punkt für Punkt zerstreut hatte. Das war viel verlangt, und nur wenige seiner ersten Leser dürften seinem Weg wirklich Schritt für Schritt nachgefolgt sein. In der Ersten Meditation führte er Gründe für den Zweifel an fast allen Dingen an, die gewöhnlich ohne Nachdenken als wahr angenommen werden, und nun empfahl er den Lesern dieser Ersten Meditation, „sich Monate oder jedenfalls Wochen mit den fraglichen Themen zu beschäftigen, bevor sie den jeweils nächsten Schritt tun" (7,130). Und er schätzte, daß wer mehrere Monate oder Wochen über die Erste Meditation nachgedacht habe, nun zusätzlich „zumindest einige Tage" brauchen würde, um sich an die Art der Unterscheidung von Geistigem und Körperlichem zu gewöhnen, wie sie in der Zweiten Meditation an einigen Stellen gefordert wurde (vgl. 7,131). Diesen hohen Zeitaufwand hielt Descartes für gerechtfertigt durch die therapeutische Wirkung der *Meditationen.* Richtig aufgenommen konnten sie die Gewohnheit eines ganzen Lebens durchbrechen, nämlich die Gewohnheit, die Überzeugungen über die Natur der materiellen Welt und über die eigene Natur den Sinneserfahrungen zu entnehmen.

Aber von den Lesern der *Meditationen* wurde mehr als nur Zeit und Konzentration verlangt: Sie mußten auch eine neue Methode des Lesens beherrschen. Es war erforderlich, Behauptungen in den ersten Teilen des Werks ernst zu nehmen, die später als unglaubwürdig verworfen werden sollten. In seinen Erwiderungen auf Einwände gegen die *Meditationen* bemerkt Descartes dazu: „Die analytische Schreibweise, deren ich mich dort bediene, erlaubt uns von Zeit zu Zeit Annahmen, die noch nicht sorgfältig überprüft sind; und eben dies zeigt sich in der Ersten Meditation, wo ich viele Annahmen mache, die ich in den folgenden Meditationen zu widerlegen bestrebt bin." (7,249) Herkömmlicherweise verlangte der analytische Stil eine bestimmte Ordnung der Exposition oder der Argumentation: Jede eingeführte Überlegung sollte entweder unmittelbar einleuchten oder durch das gerechtfertigt sein, was ihr vorangeht, wobei die Argumentation von dem, was offensichtlich und oberflächlich ist, zu den tieferen und grundlegenderen Punkten fortschreiten sollte. Descartes gab der „analytischen" Schreibweise in den *Meditationen* eine neue Wendung: Die tieferen und grundlegenderen Überlegungen sollten die Leser anregen, über das zuvor Gesagte noch einmal nachzudenken oder es sogar zu verwerfen.

12. Zweifel ohne Skeptizismus?

Descartes überschätzte mit dem ungewohnten Stil seiner *Meditationen* die Fähigkeiten selbst seiner wohlgesonnensten Leser. Zentrale Behauptungen des Werkes wurden von seinen Anhängern mißverstanden, und seine Gegner stürzten sich auf diejenigen Aussagen, die ohnehin im Verlauf des Buches wieder zurückgenommen werden sollten. Die frühe Aufnahme des Werks ist recht gut dokumentiert, denn Vorabexemplare wurden mit der Bitte um Kommentare versandt, die dann zusammen mit dem Buch veröffentlicht wurden. Descartes selbst wandte sich mit der Bitte um „Korrekturen" an Theologen in Holland und an der Sorbonne und bat Mersenne, Reaktionen von anderen Geistlichen, Philosophen und Wissenschaftlern einzuholen. Schließlich kamen sieben Gruppen von „Einwänden" zusammen, die gemeinsam mit Descartes' „Erwiderungen" bei der Veröffentlichung im Jahr 1641 eine Art umfangreichen Anhang zu den *Meditationen* bildeten.

Descartes war von der Qualität der Einwände enttäuscht. Auf einige antwortete er mit Ungeduld, und in vielen Fällen beklagte er sich, falsch verstanden worden zu sein. Seine vielleicht schneidendsten Reaktionen formulierte er auf die Einwände von seiten des Jesuiten Pierre Bourdin, der schon für die kritische Aufnahme der *Dioptrik* am Jesuitenkolleg von Paris verantwortlich gewesen war. Nun wandte sich Bourdin u. a. gegen die Erste Meditation mit ihrer sehr umfangreichen Liste von Dingen, in bezug auf welche Zweifel als möglich zugelassen wurden. Bewies die Erste Meditation nicht, daß Descartes ein Skeptiker war, bereit, den Zweifel zum Äußersten zu treiben? In seiner Erwiderung sagt Descartes:

> „Ich habe mich lediglich mit jener Art des extremen Zweifels beschäftigt, die, wie ich oftmals betone, metaphysisch und übertrieben und keinesfalls auf das praktische Leben übertragbar ist. Es ist diese Art Zweifel, auf welche ich mich bezog, als ich sagte, daß alles, was auch nur den leisesten Verdacht hervorrufen könnte, als gesunder Grund zum Zweifel betrachtet werden sollte.“ (7,460)

Descartes hatte die *Meditationen* mit dem Entschluß begonnen, seine Überzeugungen von allem Zweifelhaften zu reinigen. Um dabei nicht in endlose Ausführungen zu geraten, stellte er Überlegungen an, durch die gleich ganze Gruppen von Überzeugungen in Frage gestellt wurden.

Die erste dieser Überlegungen war die, daß alles bloßer Traum sein könnte, was uns dem Wachleben zuzugehören scheint. Er beobachtete, daß Träume genauso lebhaft wie die Erfahrungen des wachen Lebens sein können. Wenn wir erwachen, sind wir nicht selten erstaunt darüber, uns gar nicht an den Orten und unter den Umständen zu befinden, von denen wir gerade geträumt haben, und in Träumen glauben wir an Dinge, die wir im Wachleben gewöhnlich für falsch halten. Kurz gesagt können Träume uns täuschen. Aber wie sollen wir Wachen und Träumen mit Sicherheit auseinanderhalten? Woher sollen wir wissen, daß wir in diesem Augenblick nicht träumen? Wenn wir das nicht wissen, könnte es durchaus sein, daß alle Überzeugungen, zu denen wir durch unsere gegenwärtige Erfahrung gelangt sind, in Wahrheit falsch sind. Und wenn wir überhaupt immer geträumt haben, sind vielleicht *sämtliche* Überzeugungen falsch, zu denen wir jemals gelangt sind. Descartes benötigt für seine Argumentation lediglich die *Möglichkeit*, daß unsere gesamte bewußte Erfahrung Traumerfahrung sein könnte. Denn wenn wir diese Möglichkeit nicht ausschließen können, können wir uns auch nicht auf die bewußte Erfahrung verlassen, um zu wissen, wie die Dinge in Wirklichkeit unabhängig von unserer Erfahrung beschaffen sind. Niemand würde sagen: „Ich habe es geträumt, also muß es wahr sein“; wie kann aber irgend jemand mit größerer Berechtigung sagen: „Ich habe es gesehen, also muß es wahr sein", wenn das Sehen eine Traumerfahrung ist?

Descartes wollte mit der Traumhypothese sein Vertrauen in den weiten Bereich der Überzeugungen schwächen, zu denen er aufgrund von Sinneserfahrungen gelangt war, aber die Traumhypothese unterwarf nicht alles dem Zweifel. Selbst wenn er nur träumte, daß er vor dem Feuer sitze, seine Augen offenhalte und seine Hände ausstrecke, selbst wenn es in Wahrheit gar keine Dinge wie Augen oder Hände gäbe, würde das noch nicht zeigen, daß es in Wahrheit weder Materie, Gestalt, Zahl, Raum, Zeit noch „einfachere und universellere Dinge" als Augen oder Hände gibt. Der Glaube an solche einfacheren und universelleren Dinge blieb von der Traumhypothese durchaus unangetastet. Waren diese Überzeugungen damit frei von aller Ungewißheit? Nun zeigte Descartes mit Hilfe einer noch etwas ausgefalleneren Hypothese, daß selbst diese Überzeugungen zweifelhaft sind (7,21). Diese zweite Hypothese lautete, daß ein überaus mächtiger und findiger Dämon alles daran setze, ihm falsche Überzeugungen einzugeben (7,22–3).

In der Zweiten Meditation findet er dann, daß diese Annahme eines Dämons, der ihn über *alles* täuschen könne, nicht haltbar ist, und noch später, gegen Ende der *Meditationen*, heißt es: „So darf ich denn alle übertriebenen Zweifel dieser Tage [d.h. alle Zweifel aus Überlegungen zu Träumen und Dämonen] als lächerlich zurückweisen." (7,89) Er verwies Bourdin auf die entsprechenden Passagen seines Werks und glaubte, sich damit dem Skeptizismus-Vorwurf entziehen zu können. Aber es war irreführend zu behaupten, daß am Ende des Werks tatsächlich alle Annahmen der Ersten Meditation vollständig verworfen wurden. Was die auf Sinneserfahrung gründenden Überzeugungen angeht, so führt Descartes die skeptische Hypothese *nicht* nur ein, um dann zu zeigen, wie schlecht sie begründet ist. Es stimmt schon, daß er am Ende die Hypothese zurücknimmt, wonach alle Erfahrung Traumerfahrung ist, aber er nimmt keineswegs die mit dieser Hypothese verknüpfte

Aussage zurück, wonach die Sinneserfahrung eine schlechte Grundlage für Schlüsse über materielle Dinge ist.

Diese Aussage, die am Ende der *Meditationen* ziemlich offensichtlich ist, wird in *Die Welt* noch einmal bekräftigt, einem Werk, das eine Art Fortsetzung der Abhandlung über Metaphysik sein sollte. *Die Welt* beginnt mit einigen Kapiteln der Kritik an den Auffassungen des Alltagsverstandes über materielle Dinge; kritisiert wird hier diejenige Vorstellung über die physische Welt, zu der wir ganz natürlich aufgrund von Sinneserfahrungen gelangen. Zunächst möchte Descartes seine Leser von der Überzeugung befreien, daß ihre Sinneseindrücke oder Erfahrungen den Dingen entsprechen, die sie verursachen. Anschließend widmet er ein ganzes Kapitel (das vierte) der Korrektur „eines Irrtums, in dem wir alle seit unserer Kindheit befangen sind, als wir zu der Überzeugung gelangten, daß um uns keine Körper sind außer denen, die mit den Sinnen wahrgenommen werden können" (10, 17). Hier wird eine *Art* von Skeptizismus bezüglich der auf Sinneserfahrung fußenden Überzeugungen vorgestellt: ein Skeptizismus, was das Maß ihrer Objektivität betrifft, und ein Skeptizismus, der für Descartes durchaus mit der Möglichkeit von Naturwissenschaft vereinbar ist.

Man bezeichnet diese Ansicht, die die Kritik der auf Sinneseindrücken fußenden Überzeugungen erlaubt, ohne jedoch die Möglichkeit der Naturwissenschaft zu bestreiten, manchmal auch als *Rationalismus.* Descartes glaubte an die Existenz eines Geistes, einer Seele oder einer Vernunft im Menschen, die sich zwar für einige ihrer Gedanken und Ideen auf die Sinnesorgane verlassen muß, aber auch über ein davon unabhängiges Wissen verfügt, dessen Inhalt „allein durch das Licht der Natur" evident ist. Durch Gedanken dieser Art sollten dem Menschen die elementarsten Wahrheiten der Mathematik und Physik aufgehen, und durch „Deduktion" aus diesen grundlegenden Wahrheiten sollten die allgemeinsten Wirkungen in der Natur verstanden werden, und zwar auf eine objektivere Weise, d.h. ohne Verzerrungen durch Sinneseindrücke.

13. Die Theologen und der Gott der Physik

Mit seinen Argumenten in den *Meditationen* wollte Descartes die Grundlagen für eine Physik legen, die auch für Theologen annehmbar war. Eines seiner Argumente führte zu dem Schluß, daß die menschliche Befähigung zur Physik der Seele zuzuschreiben sei. Ein anderes Argument sollte zeigen, daß die Seele zuerst um Gott wissen müsse, bevor ihr die Wissenschaft der Physik zugänglich sei. Mit solchen Überlegungen wollte Descartes einflußreiche Zeitgenossen davon überzeugen, daß die neue Cartesianische Wissenschaft nicht atheistisch war. 1639 wurden an der Universität von Utrecht auf Drängen eines Professors namens Gisbert Voetius die ersten Thesen (d.h. kleinere Publikationen) gegen die Lehren von Descartes' *Essays* vorgelegt, und weitere sollten folgen. Ein anderer Lehrer dieser Universität, Hendrik de Roy oder Henricus Regius, wandte sich gegen Voetius und machte sich zum örtlichen Sprecher der neuen Philosophie. Er war nicht der erste Anhänger von Descartes' Ideen in Utrecht; Henricus Reneri, ein anderer Professor, hatte sich schon seit einiger Zeit für Descartes eingesetzt, und es war eine descartesfreundliche Rede bei der Beisetzung Reneris, die Voetius' eifersüchtige Angriffe auslöste. Nach Reneris Tod übernahm Regius dessen Rolle als führender Vertreter der Lehren Descartes', und er wurde bei seiner Verteidigung des Cartesianismus von Descartes selbst unterstützt. Allem Anschein nach begann die Auseinandersetzung zwischen Regius und Voetius als rein akademischer Disput unter Beachtung der entsprechenden höflichen Formen, bevor sie sich zu einem erbitterten und persönlichen Streit entwickelte. Ein Höhepunkt wurde 1642 erreicht, als

Voetius den Akademischen Senat von Utrecht zur Verurteilung der „neuen Philosophie" veranlaßte.

Für Descartes ähnelten Voetius' Angriffe in vieler Hinsicht denen von Bourdin, denn auch sie waren Teil des Versuchs, den herkömmlichen Lehrplan der Schulen von neuen Ideen freizuhalten. Wenn man Descartes als Skeptiker oder Atheisten anprangerte, konnte man verhindern, daß seine Physik gelehrt wurde, und weder seine katholischen Gegner in Frankreich noch seine protestantischen in Holland schreckten vor Verleumdungen zurück. (Voetius verbreitete sogar das Gerücht, daß Descartes Vater eines unehelichen Kindes war. Er sprach jedoch irrtümlich von einem Jungen, und so konnte Descartes kategorisch bestreiten, einen außerehelichen *Sohn* zu besitzen.)

Um sich wenigstens bei den Jesuiten in Frankreich Gehör zu verschaffen, überging Descartes Bourdin und wandte sich direkt an Pater Dinet, der für den Orden in ganz Frankreich zuständig war. Der Brief an Dinet, 1642 als Anhang zur zweiten Auflage der *Meditationen* veröffentlicht, begann mit Antworten auf Bourdin und befaßte sich dann mit Voetius' Anschuldigung, seine Wissenschaft weise irreligiöse Tendenzen auf. Descartes bestand darauf, daß „es nichts in Hinblick auf die Religion gibt, das sich nicht ebensogut oder besser durch meine Prinzipien erklären läßt als mit jenen, die gemeinhin angenommen werden" (7, 581). Sodann verwarf er den dritten von der Universität Utrecht für die Verdammung seiner Philosophie angegebenen Grund als halb lächerlich, halb bösartig und falsch. Der Senat der Universität hatte ihm vorgeworfen, daß „verschiedene falsche und absurde Meinungen entweder aus der neuen Philosophie folgen oder von den Jungen daraus leicht abgeleitet werden können – Meinungen, die im Widerspruch zu anderen Fächern und Fakultäten und vor allem zur orthodoxen Theologie stehen" (7, 592).

Descartes behauptete, daß seine Lehren die orthodoxe Theologie entweder ganz unangetastet ließen oder sie sogar besser stärkten als die „gemeinhin angenommene" – d. h. scholastische – Philosophie. Aber dies war wahrscheinlich ebenso irreführend wie die kurze und bündige Leugnung des Skeptizismus, mit der er sich gegen Bourdin zur Wehr setzte. Obgleich Descartes in seinem Brief an die Theologen der Sorbonne (vgl. 7,2–4) behauptete, die *Meditationen* stützten den Glauben, fand sich in seinem Werk doch wenig, was Ungläubige bekehren oder den Glauben daran festigen konnte, daß Tugend in diesem Leben ihren Lohn im nächsten findet – woran manche Katholiken offenbar zweifelten. Tatsache ist, daß der Gott der *Meditationen* himmelweit vom Gott der Heiligen Schrift entfernt ist. Auch was die *Meditationen* unter ‚Seele' verstehen, ist schwerlich wiederzuerkennen als das, was durch Gottes Gnade erlöst oder für irdisches Fehlverhalten bestraft wird. Descartes' Theorie der Seele ist in Wirklichkeit eine Theorie darüber, wie der Geist unabhängig von den Sinnen allgemeine Gedanken über die Materie und ihre Veränderungen entwickeln kann. Descartes' Gott ist das Wesen, das uns Sicherheit in Hinsicht auf die Wahrheit unserer allgemeinen Gedanken über die Materie gibt. Er ist ein Gott der Physiker oder vielleicht besser: Es handelt sich um die Art Gott, die von einer anti-skeptischen Philosophie der Physik benötigt wird, welche die allgemeinen Gesetze der Physik dem Zweifel zu entwinden sucht.

Die Gesetze der Physik werden durch die Tatsache unbezweifelbar, daß sie sehr gut mit dem zusammenstimmen, was uns die Metaphysik als Natur der Materie lehrt. Oder, in Descartes' Ausdrucksweise: Die Gesetze sind deshalb über allen Zweifel erhaben, weil sie von einer evidenten Theorie über die Natur der Materie „deduzierbar" sind. Gott wird dabei gebraucht, um für die Erklärung der Materie selbst zu bürgen, nach der für das Sein einer materiellen Substanz dreidimensionale Ausdehnung, Teilbarkeit und Beweglichkeit wesentlich sind. Diese Darstellung ist nicht durch die Tatsache ihrer Evidenz oder ihrer klaren und deutlichen Formulierbarkeit unbezweifelbar, denn es muß erst gezeigt werden, daß alles, was vom menschlichen Geist als klar und deutlich aufgenommen wird, auch wirklich wahr ist. An diesem Punkt nimmt Descartes Zuflucht zu Gott (vgl. 7, 62; 8 A, 17). Wenn sich klare und deutliche Ideen als falsch erweisen könnten, dann könnte der menschliche Geist selbst dann getäuscht werden, wenn er jede mögliche Vorkehrung gegen Irrtümer getroffen hat. Aber der Geist kann keine Fehler machen, solange er alles unternimmt, um dem Irrtum zu entgehen, denn andernfalls litte er an einem Mangel, der als Unvollkommenheit auf seinen Schöpfer zurückfiele, aber sein Schöpfer – Gott – ist vollkommen und ohne Fehl. Also müssen die klaren und deutlichen Ideen des Geistes wahr sein.

Descartes gibt keine sehr erhellende Darstellung dessen, was er unter Klarheit und Deutlichkeit versteht. Er scheint alles für klar zu halten, was dem aufmerksamen Geist sichtbar ins Auge fällt (vgl. 8 A, 21–2), während deutlich sein soll, was ausreichend klar wahrgenommen wird, um keine Verwirrung über das Wahrgenommene aufkommen zu lassen. Verwirrung entsteht, wenn der Geist etwas als Teil der Natur des von ihm Wahrgenommenen auffaßt, was in Wahrheit nicht zu dieser Natur gehört. So kann der verwirrte Geist etwa angesichts eines Feuers annehmen, daß seine Hitzewahrnehmung Teil der Natur des Feuers sei, obgleich die Hitze in Wirklichkeit sowohl von der Natur des Wahrnehmenden wie von der des äußeren, brennenden Gegenstandes abhängt. Ganz allgemein wird Verwirrung ausgeschaltet und Deutlichkeit der Wahrnehmung erreicht, wo der Geist auf einfache Naturen trifft und die Rolle der einfachen Naturen in „zusammengesetzten" Dingen begreift. Klare *und* deutliche Wahrnehmung entspricht also dem, was Descartes in den *Regulae* „Intuition" oder „Anschauung" nennt: „Unter Intuition verstehe ich ... ein so müheloses und deutlich bestimmtes Begreifen des reinen und aufmerksamen Geistes, daß über das, was wir erkennen, gar kein Zweifel zurückbleibt" (10, 368).

In den *Meditationen* bringt Descartes „Gott" ins Spiel, um die Wahrheit der klaren und deutlichen Wahrnehmungen des Geistes zu garantieren, aber zunächst muß er die Existenz Gottes und seine Vollkommenheit beweisen. Es ist eingewandt worden, daß sich Descartes mit dieser Strategie in einen argumentativen Zirkel verstrickt (vgl. 7,214), denn um die Existenz Gottes zu beweisen, muß er Voraussetzungen annehmen, deren Wahrheit eben kraft ihrer Klarheit und Deutlichkeit sicher sein soll; aber erst, wenn Gottes Existenz bewiesen ist, kann man auch sicher sein, daß die klaren und deutlichen Wahrnehmungen wahr sind. Wir brauchen uns hier aber beim Vorwurf der Zirkelhaftigkeit nicht weiter aufzuhalten, denn auch wenn Descartes ihn entkräften könnte, blieben noch genügend andere Schwierigkeiten übrig.

In den *Meditationen* werden zwei Argumente für die Existenz Gottes angeführt. Das erste – in der Dritten Meditation – will Gott durch Hinweis auf den Inhalt der Idee Gottes und durch Bezug auf die Quelle beweisen, die einem solchen Inhalt zugrunde liegen muß. Das zweite – in der Fünften Meditation – leitet Gott aus der Untrennbarkeit der Vollkommenheiten ab, die Gottes Natur ausmachen und von denen die Existenz eine ist. Beide Argumente sind ausgesprochen abstrakt und bauen auf Prinzipien auf, die aus der scholastischen Metaphysik übernommen sind.

Im Argument der Dritten Meditation ist das entscheidende Prinzip folgendes: Eine Idee, die ein Ding darstellt, das zu einer bestimmten Kategorie gehört, muß eine Ursache haben, die derselben oder einer höheren Kategorie angehört. Dieses Prinzip setzt eine Hierarchie von Kategorien voraus – eine Hierarchie von verschiedenen Arten realer Dinge. Descartes hält eine unendliche Substanz für realer als eine endliche, eine endliche Substanz für realer als ein Attribut und ein Attribut für realer als den Modus, in welchem eine Substanz ein Attribut besitzt. Im Fall einer Idee Gottes steht die Idee für eine unendliche Substanz, für etwas, dessen Kategorie oder Grad von Realität nicht mehr überschritten werden kann. Nach Descartes' Prinzip muß also die Ursache dieser Idee zur selben Kategorie wie der Gegenstand gehören, von dem sie Idee ist. Deutlicher gesagt, muß die Idee Gottes durch eine unendliche Substanz verursacht sein. Nun gibt es aber nur eine einzige unendliche Substanz, nämlich Gott. Haben wir also eine

Idee von Gott, so muß Gott existieren, um diese Idee hervorzubringen. Descartes hat eine Idee von Gott, folglich muß Gott existieren.

Dieses Argument hat zwei leicht erkennbare Schwachpunkte: sein Kausalprinzip und seine Annahme, daß es so etwas wie eine Idee Gottes geben kann. In den *Meditationen* behauptet Descartes, daß das Kausalprinzip für Ideen seine Gewißheit von einem sogar noch abstrakteren Kausalprinzip bezieht, demzufolge Wirkungen ihre Realität von Ursachen mit größerer Realität erhalten müssen (7, 40–1). Es ist aber zweifelhaft, ob dieses Prinzip überhaupt Sinn hat, denn es ist kaum nachzuvollziehen, was mit Graden von Realität gemeint sein soll oder damit, daß eine Wirkung ihre Realität von einer höheren Ebene der Realität beziehe, die ihrer Ursache zukommen soll. Descartes sah sich auch mit dem Einwand konfrontiert, daß der menschliche Geist gar keine Idee Gottes haben könne. Gewöhnlich reagierte er darauf mit der Unterscheidung zwischen Ideen im relevanten Sinn – Ideen sind „gleichsam Bilder", sagt er verwirrenderweise – und Bildern in der Einbildung. Daß man Gott nicht abbilden kann, sei noch kein Argument für die Unmöglichkeit einer Idee Gottes. Um eine Idee von Gott im relevanten Sinn zu haben, genügt laut Descartes schon die Fähigkeit, eines der Attribute oder eine der Vollkommenheiten Gottes zu verstehen.

Im zweiten Argument für die Existenz Gottes nimmt Descartes dann das Kausalprinzip gar nicht mehr in Anspruch. Das Argument hängt jedoch ganz von der Voraussetzung ab, daß Menschen eine Idee Gottes besitzen können. „Zweifellos finde ich seine [Gottes] Idee, d. h. die des höchst vollkommenen Wesens ebenso bei mir vor wie die Idee einer beliebigen Figur oder Zahl" (7, 65). Er bedient sich hier überdies der Regel, derzufolge das klar und deutlich Wahrgenommene auch wahr oder wirklich ist. Und schließlich zieht er eine Analogie zwischen Ideen über Figuren und Zahlen und der Idee Gottes heran. Er stellt fest, daß Ideen von Gestalten oder Figuren wie dem Dreieck Ideen von Dingen sind, die er nicht etwa erfunden oder hervorgezaubert hat. Vielmehr handelt es sich um Ideen von Dingen mit Naturen, die unabhängig von seinem Denken wirklich sind. So ist auch seine Idee Gottes eine Idee von etwas, dessen Natur unabhängig von seinem Denken wirklich ist. Die reale Natur eines Dreiecks macht Aussagen wie die wahr, daß die drei Winkel eines Dreiecks zwei rechten Winkeln gleichen. Ganz ähnlich macht die reale Natur Gottes Aussagen wie die wahr, daß Gott allwissend, allmächtig, ewig usw. ist. Aber während aus der realen Natur des Dreiecks nicht als wahr folgt, daß irgendein Ding mit der Eigenschaft existiert, daß seine drei Winkel gleich zwei rechten Winkeln sind, macht die reale Natur Gottes *tatsächlich* wahr, daß etwas existiert, was allwissend, allmächtig, ewig, mit einem Wort vollkommen ist. Die Natur Gottes ist darin einzigartig, daß sie die Existenz von etwas gewährleistet, das diese Natur besitzt (7,65–6).

Diese Argumentation, die auch als der „ontologische Beweis" für die Existenz Gottes bekannt ist, wirft eine ganze Reihe von Fragen auf. Eine Frage wäre z. B., wie die sogenannte reale Natur eines Dreiecks existieren kann, ohne daß ein Dreieck existiert. Eine andere: Was bedeutet es eigentlich zu sagen, daß Vollkommensein Existenz beinhaltet? Eine dritte Frage lautet: Inwiefern kann der „ontologische Beweis" das Argument der Dritten Meditation bestätigen, wo er sich doch bereits der Folgerung des früheren Arguments bedient, daß nämlich real ist, was als klar und deutlich wahrgenommen wird? Keines der Argumente wird von Descartes mit genügender Deutlichkeit erklärt, und keines ist überzeugend.

14. Ideen

Viele Argumente der *Meditationen* überzeugen zwar nicht, verdienen aber in Verbindung mit Descartes' Theorie der Ideen dennoch Aufmerksamkeit. Dazu gehören die Argumente für die Existenz Gottes. Wenn Descartes sagt, daß unsere Einbildungskraft sich Gott bildlich nicht vorzustellen vermag, daß wir uns unseren Schöpfer aber mit anderen Mitteln begreiflich machen können, dann ist damit bereits seine Theorie der Ideen mitgedacht. Das gilt auch für seine Inanspruchnahme des Kausalprinzips im ersten Gottesbeweis. Das Kausalprinzip impliziert u. a., daß die Quelle einer Idee sich kategorial von dem unterscheiden kann, was die Idee darstellt, oder, anders gesagt, daß der Inhalt einer Idee und ihre Ursache in der Wirklichkeit beträchtlich auseinanderfallen können.

Descartes faßt seine Behauptungen über die Ideen nie systematisch zusammen, und er formuliert auch keine Frage, zu deren Beantwortung eine solche implizite Theorie der Ideen dienen könnte. Wir könnten jedoch eine solche Frage formulieren, und zwar etwa folgendermaßen: Wie können wir uns in uns selbst die Dinge vorstellen, die zum Verständnis der Natur notwendig sind? Die Philosophen vor Descartes waren der Auffassung, daß der Mensch sowohl mit Sinnlichkeit wie mit Verstand begabt ist und daß die Sinneserfahrung die Verbindung herstellt zwischen dem Verstand und den Substanzen, die Gegenstand der Wissenschaft sind. Man nahm an, daß die Formen, durch die festgelegt ist, von welcher Art die Gegenstände sind, unabhängig von denjenigen Formen betrachtet werden können, die den sinnlichen Eigenschaften von Gegenständen entsprechen: ihren Farben, Gerüchen, Geschmäcken und Temperaturen. Der Geist gelangt demnach zu einer Wissenschaft von den Dingen der Körperwelt, indem er mit den Formen vertraut wird, die den natürlichen Arten entsprechen. Das wissenschaftliche Verständnis besteht nach dieser Auffassung ganz einfach in der Fähigkeit, den Ort eines Dinges in einem System natürlicher Klassen, in einem System von Arten und Gattungen zu bestimmen. So besitzt man etwa ein wissenschaftliches Verständnis des Menschen, wenn man weiß, daß er der vernünftigen Art der Gattung der Tiere angehört, und die zum Verstehen des Menschen notwendigen Formen erhält man über die Sinne. Die wissenschaftliche Erkenntnis des Geistes hängt somit dieser Lehre zufolge von der Sinneserfahrung ab, und zu den sinnlichen Formen – Farben, Oberflächenbeschaffenheiten etc. – der erfahrenen Gegenstände gelangt man durch Übertragung dieser Formen von den Gegenständen der Erfahrung auf die Sinnesorgane.

In seiner Theorie der Ideen bricht Descartes mit der Unterscheidung Sinnlichkeit/Verstand. Außerdem leugnet er, daß das wissenschaftliche Verständnis von der Arbeit der Sinnesorgane abhängt, und versucht, die schwer nachvollziehbare Lehre zu verbessern, derzufolge die Formen von Gegenständen im Wahrnehmungsprozeß irgendwie auf die Sinnesorgane überspringen und dort vom Verstand „abstrahiert" werden. Nach Descartes ist die Wirkung von Körpern auf die Sinnesorgane nichts anderes eine Sache des Zusammenstoßes mit Nachwirkungen im Nervensystem und in einer bestimmten Gehirndrüse, der sogenannten „Zirbeldrüse". Ein Gegenstand ruft demnach beim Zusammentreffen mit den Sinnesorganen verschiedene Bewegungen in der Zirbeldrüse hervor. Diese verschaffen der vernünftigen, über die Zirbeldrüse mit dem Körper verbundenen Seele eine bestimmte Art bewußter Erfahrung oder „Idee", wobei die jeweilige Art dieser bewußten Erfahrung vom Bewegungsmuster abhängt, das an die Zirbeldrüse übermittelt wird. Spiegelt die Erfahrung etwas korrekt wider, so besitzt sie „objektive Realität". Enthält sie eine nur teilweise korrekte Repräsentation eines vom Geist unabhängigen Gegenstandes, so bezieht sich die Erfahrung oder Idee auf einen Gegenstand, der „formal“ enthält, was die Idee „objektiv“ enthält.

In der Dritten Meditation sagt Descartes, daß strenggenommen nur solche Dinge „Ideen“ genannt werden sollten, die im Geist existieren und für andere Dinge stehen. Eine Idee in diesem Sinne besitze ich, heißt es dort, „wenn ich an einen Mann oder an eine Chimäre oder an den Himmel, einen Engel oder Gott denke“ (7, 37). Andere Dinge im Geist, die nichts anderes verkörpern, können ebenfalls, wenn auch nicht im strikten Sinn, „Ideen“ genannt werden, z. B. die Haltungen des Wollens, Begehrens oder Urteilens; Ideen im strengen Sinn sind aber nur solche „von“ Dingen, die sich von diesen Ideen selbst unterscheiden. Diesen repräsentierenden Charakter der Ideen faßt Descartes nicht allzu eng. Soll eine Idee Idee *von* etwas sein, so ist dazu keine fotografisch genaue Ähnlichkeit zwischen der Idee und dem, was sie darstellt, erforderlich. Damit eine Idee Idee von etwas sei, erklärt Descartes, muß eine „Ähnlichkeit“ zwischen der Idee und dem gegeben sein, wovon sie Idee ist, aber um diese Ansicht etwa mit Descartes' These in Einklang zu bringen, daß die Idee Gottes kein geistiges Abbild sei, muß man „Ähnlichkeit“ hier gewissermaßen in einem nicht-fotografischen Sinn verstehen. „Ähnlichkeit“ im hier relevanten Sinn kann darin bestehen, daß ein Ding ganz oder teilweise einer Beschreibung oder Bestimmung entspricht, die man vor dem geistigen Auge hat. Wenn man an die Zahl Drei denkt, indem man sich eine ganze Zahl größer als zwei, aber kleiner als vier denkt, dann hat man keinen Gedanken von der Zahl Drei, der dieser Zahl „fotografisch ähnelt“; vielmehr hat man eine Bestimmung im Kopf, zu der die Zahl Drei *paßt*. Auf diese Weise kann man eine Idee von der Zahl Drei haben, die der Zahl Drei „ähnelt“.

Descartes' Theorie der Ideen läßt die scholastische Annahme verschiedener Funktionen der Sinne und des Verstandes hinter sich. Seine rationale Seele mag zwar wie ein Gegenstück zum Intellekt der Scholastiker erscheinen, aber sie verfährt in Wahrheit ganz anders. Sie abstrahiert nicht von rein sinnlichen Repräsentationen äußerer Gegenstände, denn nach Descartes' Theorie repräsentieren die Sinne überhaupt keine Gegenstände. Vielmehr nehmen sie nur Wirkungen der umgebenden Materie auf, und es ist die rationale Seele, die Gegenstände repräsentiert, sogar Farben, Oberflächenbeschaffenheiten und Temperaturen. Daraus folgt, daß sich die Eigenschaften der beobachteten Materie nicht wirklich in sinnliche und geistige Eigenschaften unterteilen lassen. So nimmt nicht etwa der Intellekt die Apfelheit eines Apfels auf, während die Sinne seine Süße oder Röte aufnehmen, sondern die Tatsache, daß es ein süßer, roter Apfel ist, wird von der rationalen Seele ganz allein aufgenommen. Überdies ist die rationale Seele dabei nicht von den Sinnesorganen abhängig, denn sie ist nicht notwendig an einen Körper gebunden. Es ist durchaus denkbar, daß die Seele ohne Körper existiert, wie Descartes zeigen wollte, als er die Täuschung durch einen betrügerischen Dämon in seinem Gedankenexperiment durchspielte. Er hatte bei diesem Experiment gefunden, daß er, nahm er die Fiktion eines solchen Betrügers einmal ernst, vorgeben mußte, keine Sinne und keinen Körper zu haben. Und er hatte weiter gefunden, daß er sich dies durchaus vorstellen konnte, ohne in Zweifel zu ziehen, ob sein Selbst oder seine Seele und ihre Gedanken real sind. Daraus folgerte er die Denkbarkeit einer selbständig handelnden rationalen Seele.

In der Abhandlung *Über den Menschen*, in der *Dioptrik* und in seinem letzten veröffentlichten Werk, *Die Leidenschaften der Seele*, entwickelte Descartes seine Theorie der Sinnesempfindung und der rationalen Seele, die eigentlich besagte, daß die rationale Seele *sowohl* der Sinnesempfindung unterworfen *als auch* der Initiator von Handlungen ist. Einige seiner Argumente gegen die Auffassung, daß alle Ideen aus den Sinnen stammen, setzen die Richtigkeit dieser Theorie schon voraus, während andere Argumente auch Anhänger der scholastischen Theorie der Wahrnehmung überzeugen konnten. Der scholastischen Theorie zufolge machen die Formen, die von äußeren Gegenständen in die Sinne und dann in den Geist gelangen, die Inhalte der Sinne und des Geistes den äußeren Gegenständen *ähnlich*. Die Gegenstände, die Sinne und der Geist sollen genau die gleichen Formen in sich tragen. Descartes führt nun Beispiele für Ideen im Geist an, die *nicht* den Dingen ähneln können, welche die Sinne reizen. So kann etwa der Idee eines allwissenden, ewigen und unendlichen Wesens nichts Sinnliches entsprechen. Ebensowenig können die allgemeinen Ideen der Gestalt, Zahl und Figur den Dingen ähneln, die sie hervorrufen, denn bei ihnen handelt es sich um allgemeine Ideen, während die Sinne nur auf Besonderes treffen können. Descartes zufolge muß die Gegenwart solcher allgemeinen Ideen im Geist nicht mit Hilfe äußerer Ursachen erklärt werden. Seine Theorie besagt, daß die Ideen nicht wirklich von der Kraft des Denkens getrennt sind, und sie besagt weiter, daß die Ideen von Geburt an gegenwärtig sind. An einer Stelle behauptet er sogar, daß *alle* Ideen, außer soweit sie spezifischen Inhalts sind, angeboren seien (vgl. 8B, 358–9). Selbst die Idee des Schmerzes geht demnach auf eine angeborene Fähigkeit der rationalen Seele zurück, von Bewegungen affiziert zu werden, die nicht im mindesten dem Schmerz selbst ähneln. (An anderer Stelle [7, 51] scheint er jedoch der Auffassung zuzuneigen, daß der Geist einige seiner Ideen selbst hervorbringt oder erfindet.)

Die Hypothese angeborener Fähigkeiten und Ideen des Geistes sollte sich in unserer zeitgenössischen Linguistik als sehr fruchtbar erweisen. Erstaunlich ist die Tatsache, daß die Sprecher einer Sprache eine weit größere Anzahl von Sätzen hervorbringen können, als sie jemals gelernt haben, und erstaunlich ist auch die Tatsache, daß sämtliche bekannten menschlichen Sprachen einen guten Teil ihrer grammatischen Struktur gemein haben. Das legt die Vermutung nahe, daß ein Teil dessen, was der Sprecher einer Sprache erfaßt, das gleiche ist, was der Sprecher einer anderen Sprache erfaßt, und zwar trotz der individuell ganz verschiedenen Arten des Spracherwerbs und trotz großer intellektueller Unterschiede zwischen einzelnen Menschen. Dieses unterschiedlichen Sprechern gemeinsame Element könnte auf Fähigkeiten zurückgehen, die alle Sprecher teilen, Fähigkeiten, die wir nicht erwerben, wenn wir eine Sprache lernen, sondern die wir von Geburt her schon mitbringen. Es liegt auf der Hand, daß diese Auffassung eine Variation der Descartschen Hypothese darstellt, eine Variante, die der amerikanische Linguist Noam Chomsky, der Descartes' Einfluß auf sein Denken auch keineswegs bestreitet, meisterhaft entwickelt hat.

15. Der Geist

Aus Descartes' Behauptung, daß viele unserer Ideen unabhängig von der Sinneserfahrung sind, ergibt sich eine weitere These, nämlich daß man sich den *Geist* als durchaus vollständig selbst ohne Sinneserfahrung denken kann (7,78). Nach seiner Theorie der Natur des Geistes *muß* der Geist nur über rein intellektuelle Fähigkeiten sowie über die Fähigkeit zu jenen Willensakten verfügen, die notwendig sind, um zu Urteilen zu kommen. Das Verständnis der allgemeinsten Elemente der Physik setzt keine weiteren Fähigkeiten voraus, und so setzt Descartes' Theorie den Geist – wenn auch nicht ausdrücklich – mit dem Besitz von Fähigkeiten gleich, die für eine abstrakte Wissenschaft der Materie erforderlich sind.

Die Verbindungen zwischen Descartes' Theorie der Ideen, der Theorie der geistigen Substanz und der Physik liegen in seinen Schriften nicht immer offen zutage. Am besten kennen wir seine Ansichten über den Geist und seine Inhalte aus den *Meditationen*, wo auf verborgene Weise die Grundlagen der Physik gelegt werden. Dort gibt Descartes vor, eine Theorie der Seele zu liefern und keine Theorie der geistigen Fähigkeiten und Ideen, über die wir mit dem Wesen der Materie in Berührung kommen. Was uns in diesem Werk jedoch als Theorie der Seele – als Theorie dessen, was den Menschen beseelt – angeboten wird, entbehrt nicht einer gewissen Willkür. So scheint die Behauptung durchaus willkürlich, daß die Seele nur zufällig ein empfindendes und vorstellendes Ding, dagegen notwendigerweise eine reine endliche Intelligenz sei.

Den Autoren der Einwände gegen die *Meditationen* entging diese Willkür nicht. Sie verlangten von Descartes eine Begründung für seine Behauptung, daß dem Geist nicht nur die Sinnesempfindung und die Einbildungskraft, sondern überdies auch alle Fähigkeiten unwesentlich seien, die den Besitz eines Körpers voraussetzen. Wogegen sie sich wehrten, war die scharfe Trennung zwischen Geist und Körper, die als Cartesianischer Dualismus Berühmtheit erlangen sollte. Nach Descartes ist der Geist eine Art Substanz, der Körper eine andere, weil man sich den Geist und den Körper mit Hilfe zweier ganz verschiedener Gruppen klar und deutlich wahrnehmbarer Attribute denken kann.

In den *Meditationen* begründet Descartes seinen Dualismus gleich zweimal, einmal, indem er die Hypothese vom Betrügerdämon entwickelt (Zweite Meditation), und dann noch einmal am Schluß des Buches (Sechste Meditation), wo die Existenz Gottes bereits feststeht, die frühere Dämon-Hypothese aufgegeben und die Regel erhärtet ist, die Klarheit und Deutlichkeit mit Wahrheit verknüpft. In der Zweiten Meditation fragt sich Descartes, welche Fähigkeiten ihm eigen sind, und gibt eine lange Liste, die auch Vorstellungsvermögen und Empfindung einschließt (7,28). Sodann erklärt er, daß er nur in einem ganz bestimmten Sinn über Empfindung verfüge, nämlich nur insofern, als ihm *scheint*, er sehe, höre, taste etc.; man könne, sagt er, nicht davon ausgehen, auch wirklich zu sehen, zu hören und zu tasten, denn man kann die Realität von Empfindungen nicht bezweifeln, die man nur zu haben *scheint*, und in der Zweiten Meditation rechnet er sich nur jene Attribute zu, deren Realität nicht bezweifelt werden kann (7,24). Da er niemals über das hinausgelangt, was er zu hören, zu tasten etc. *scheint*, behauptet er nie, daß ihm eine vollständige Empfindung zugehöre. Und obgleich seine Formulierungen in der Zweiten Meditation nicht ganz eindeutig sind, scheint er sich dort Einbildungskraft nur im gleichen abgeschwächten Sinn zuzurechnen wie Empfindung. Damit stellt sich dann heraus, daß ihm im strengen Sinn gar keine Fähigkeiten zugehören, die mit dem Körper zusammenhängen.

Die Interpreten berufen sich oft auf die Zweite Meditation zur Verdeutlichung dessen, was die Cartesische Philosophie des Geistes wirklich auszeichnet. Hier verkündet Descartes, er sei von Natur aus ein denkendes Ding, und hier erklärt er auch, daß er unter „Denken“ jede Operation des Geistes versteht, deren Realität dem Besitzer dieses Geistes nicht zweifelhaft sein kann. Nach der Zweiten Meditation ist es diese Eigenschaft der unbezweifelbaren Realität, des unmittelbaren Gewahrseins für ein Selbst, die das Geistige auszeichnet. Man hat das dahingehend zusammengefaßt, daß Privatheit in Descartes' Philosophie das eigentliche Merkmal des Geistigen sei.

Diese Auslegung paßt ganz gut zu den früheren Teilen der *Meditationen*, aber weniger gut zu den späteren, und sie stellt Descartes' Philosophie des Geistes als ein Nebenprodukt der Methode des Zweifels dar, so daß wenig zu ihren Gunsten spricht, wenn sich herausstellen sollte, daß der methodische Zweifel inkohärent oder falsch angelegt ist. Allerdings gibt es auch eine andere Auslegungsmöglichkeit, die die Theorie sowohl für sich genommen stärker macht als auch ihre zentrale Bedeutung für die *Meditationen* als Ganzes hervorhebt.

Um diese alternative Interpretation vorzustellen, muß ich kurz eine Vorbedingung anführen, die jede angemessene Theorie des Geistes zu erfüllen hat, nämlich die Bedingung, daß sie nicht zu gattungsspezifisch sein sollte. Es scheint offensichtlich, daß eine Theorie des Geistes eine Theorie nicht bloß des menschlichen Geistes sein kann, denn es ist unschwer vorstellbar, daß auch biologisch ganz anders beschaffene Geschöpfe über Fähigkeiten zu Sinneswahrnehmung, Gedächtnis, eigenständiger Bewegung, Überlegung und sogar zur Kommunikation verfügen, die der menschlichen Spielart dieser Fähigkeiten entsprechen. Die Science-fiction macht uns auf die Möglichkeit aufmerksam, daß außerirdische Kreaturen existieren könnten – mit Fähigkeiten, die sich von den unseren gar nicht unterscheiden lassen. Außerdem haben Wissenschaftler zeigen können, wie weit entwickelt die geistigen Fähigkeiten von Delphinen oder Schimpansen sind. Da sich unser Begriff des Geistes und der geistigen Fähigkeiten auch auf diese Geschöpfe erstreckt, muß eine angemessene Theorie des Geistes ein gewisses Maß an biologischer Neutralität wahren.

Descartes trägt diesem Erfordernis in besonders kompromißloser Weise Rechnung. Er ist sich darüber im klaren, daß der Begriff des Geistes sich auch auf andere Wesen als den Menschen erstreckt, aber – und hierin sehe ich das Spezifische seiner Theorie – seine Auffassung des Geistes hält sich strikt von der Biologie fern. Und zwar widmet sie der Tatsache, daß sich die Fähigkeiten niedrigerer Lebewesen den menschlichen Fähigkeiten annähern können, weit weniger Aufmerksamkeit als der Art und Weise, in der sich die menschlichen Fähigkeiten in höheren Wesen, z. B. in Engeln oder in Gott, finden könnten, allerdings in anderer, besserer Form. In der Tat klassifiziert Descartes die Ausprägungen von Geist nach dem Ausmaß ihrer Fähigkeiten und nicht in bezug auf die biologische Gattung, der Lebewesen mit bestimmten Fähigkeiten angehören. Unser Geist ist weniger menschlich als vielmehr endlich; Gottes Geist ist weniger übermenschlich als vielmehr unendlich. Und Geist haben *ist* für uns nichts anderes als über Fähigkeiten derselben allgemeinen Art zu verfügen wie Gott, wenn auch in viel begrenzterem und engerem Maß. Entscheidend ist bei all dem, daß es Gottes vollkommener und unendlicher Geist ist, der den Maßstab für alles bildet, was sonst noch als Geist gelten kann.

Vor diesem Hintergrund hat Descartes' ansonsten willkürliche Unterscheidung zwischen einerseits rein intellektuellen Fähigkeiten und andererseits Fähigkeiten wie Sinneswahrnehmung und Einbildung, die einen Körper voraussetzen, möglicherweise durchaus Sinn. Man kann die Sache dann so sehen, daß hier Fähigkeiten unterteilt werden in jene, die wir mit Gott teilen und kraft derer uns so etwas wie sein objektives Verständnis der Wirklichkeit zugänglich ist, und jene, die wir nicht mit Gott teilen und die zum objektiven Verstehen auch nicht erforderlich sind.

Für diese Deutung spricht eine Reihe von Passagen in den *Meditationen*, in denen der Mensch mit Gott verglichen wird und die von den Interpreten gern übergangen werden. In der Vierten Meditation heißt es beispielsweise:

> „so bemerkte ich ... daß ich gleichsam als ein Mittleres zwischen Gott und das Nichts, d. i. zwischen das höchste Sein und das Nicht-Sein so gestellt bin, daß, sofern ich von dem höchsten Wesen geschaffen worden bin, allerdings nichts in mir ist, wodurch ich getäuscht oder zum Irrtum verleitet werden könnte, sofern ich aber auch in gewisser Weise am Nichts, d. i. am Nicht-Sein teilhabe, d. h. sofern ich nicht selbst das höchste Wesen bin und mir außerordentlich viel mangelt, es nicht so sehr zu verwundern ist, daß ich mich täusche." (7,54)

Descartes siedelt sich auf halber Höhe in einer Seinsskala an, die bis hinauf zum höchsten Wesen reicht. Insofern ein Mensch Geschöpf Gottes ist, weist sein Geist keine Mängel auf. Doch insofern er endlich oder weniger als vollkommen ist, ist sein Geist auch der Möglichkeit des Irrtums ausgesetzt. In einer ähnlichen Passage der Dritten Meditation (vgl. 7,51) werden die Fähigkeiten des menschlichen Geistes nicht in einer natürlichen Ordnung der Arten angesiedelt, sondern in einer Ordnung mehr oder minder vollkommener Substanzen.

Descartes wählt also ein übermenschliches und nicht biologisch bestimmtes Ding als Musterbeispiel der geistigen Substanz, und er entwickelt dabei eine Theorie, die zu ihrem eigenen Schaden von allen Tieren nur dem Menschen Geist zusprechen will. (Diese Theorie schockierte nicht wenige Leser, da aus ihr folgte, daß ihre geliebten Haustiere nichts als gedankenlose Automaten seien.) Doch ist dieser Theorie immerhin zugute zu halten, daß sie der Beschränkung des menschlichen Geistes angemessen Rechnung trägt. Sie arbeitet der Neigung entgegen, den menschlichen Geist für die beste aller Arten von Geist zu halten, und dies ohne daß damit eine skeptizistische Position vertreten würde. Der menschliche Geist ist begrenzt, aber weil er eine begrenzte Spielart derselben Art Geist darstellt, von der auch Gottes Geist ist, läßt sich sinnvoll annehmen, daß dieser Geist zur Wissenschaft befähigt ist.

16. Körper

Man kann sich also einen Geist denken, der vollständig ist, ohne Attribute zu haben, die einen Körper voraussetzen. Und ebenso läßt sich auch ein vollständiger Körper ohne alle Eigenschaften denken, die den Geist voraussetzen. Erst sehr spät in den *Meditationen* legt Descartes die Richtigkeit dieser äußerst sparsamen Körperauffassung dar, in der Temperatur, Farbe, Geruch, gefühlte Festigkeit usw. außer Betracht bleiben; in der Abhandlung *Die Welt* hingegen bringt er seine Beweise für die Richtigkeit dieser Auffassung gleich zu Beginn vor. Man darf daher vermuten, daß er mit seiner Theorie des Körpers Metaphysik und Physik verknüpfen wollte.

Die Begründungen für seine Auffassung vom Körper und für seine Ansichten über den Geist weisen eine Parallele auf. Zunächst wird die naive, alltägliche Ansicht über jede der beiden Substanzen beschrieben; der nächste Schritt besteht darin, die Eigenschaften, die der Alltagsverstand dem Körper oder dem Geist zuschreibt, zu unterteilen in diejenigen Eigenschaften, die den Substanzen auch wirklich zukommen, und diejenigen, die sie nur zu besitzen scheinen; sodann sucht Descartes zu erklären, wie wir dazu kommen, den Substanzen Eigenschaften zuzuschreiben, die ihnen in Wahrheit nicht zukommen. Für die Verwechslung von scheinbaren und wirklichen Eigenschaften ist nach Descartes unsere Körperlichkeit verantwortlich. Oder anders gesagt: Wir lassen uns durch unsere Gewohnheit irreführen, uns Substanzen allein mit Hilfe der Sinne vorzustellen. Wenn wir Körper ohne Eigenschaften wie Farbe usw. für unvollständig halten, objektivieren wir irrtümlicherweise ihre sinnlichen Eigenschaften; und wenn wir uns selbst für unvollkommen halten – gemessen am reinen Intellekt und Willen –, ziehen wir irrtümlich Schlüsse auf der Basis unseres Gefühls, untrennbar mit einem Körper verbunden zu sein.

Die Parallele zwischen Descartes' Behandlung unserer Vorstellungen von Geist und Körper wird auch darin deutlich, daß in den *Meditationen* entsprechende Aussagen nebeneinander stehen. Die Zweite Meditation enthält Bemerkungen darüber, was zum Selbst als Geist oder denkendes Ding gehört, und sie enthält auch Ausführungen darüber, was zu einem typisch materiellen Ding gehört. Die Sechste Meditation bestätigt im großen und ganzen Descartes' anfängliche Gedanken über das, was ihm als Geist zugehört, und sie bekräftigt auch einige der versuchsweisen Verallgemeinerungen über die Materie.

Eine solche anläßlich einer Betrachtung über die Natur des Wachses vorgetragene Verallgemeinerung (7, 30) lautet, daß man einen bestimmten Gegenstand nicht durch die Formen identifizieren kann, die er den Sinnen darbietet. Die frisch aus der Bienenwabe entnommene Substanz besitzt einen ganz bestimmten Geschmack, Geruch usw.; setzen wir sie aber dem Feuer aus, verliert sie all diese Formen und nimmt andere an. Hinge ihre Identität von den Formen ab, dann würde es sich vorher und nachher um verschiedene Dinge handeln, aber in Wahrheit haben wir es die ganze Zeit mit ein und demselben Ding zu tun. Was ist das nun für eine Art von Ding, das trotz Veränderungen seiner sinnlichen Formen dasselbe bleibt? Vielleicht einfach ein Körper, etwas räumlich Ausgedehntes, das seine äußere Gestalt und seine Eigenschaften verändern kann? Wenn dem so ist, dann läßt es sich nicht durch das identifizieren, was die Sinne uns mitteilen, sondern nur durch das, was der Verstand als zu diesem Körper gehörig begreifen kann. Sinnliche Formen sind also nicht der Schlüssel zur Natur des Wachses und zur Natur materieller Dinge überhaupt.

Die Zweite Meditation gelangt in bezug auf materielle Dinge in der Hauptsache zu einem negativen Schluß, während positive Überlegungen erst mit der Dritten Meditation beginnen. Im Rahmen seiner Beweise für die Existenz Gottes erwägt Descartes dort den Inhalt einer Reihe seiner Ideen. Über seine Idee körperlicher Dinge sagt er dort:

> „daß es nur sehr wenig ist, was ich in ihnen klar und deutlich erfasse, nämlich die Größe, d. i. die Ausdehnung nach Länge, Breite und Tiefe, die Gestalt, welche aus der Begrenzung dieser Ausdehnung entspringt, die Lage, welche die verschiedenen Gestalten zueinander einnehmen, und die Bewegung oder die Veränderung dieser Lage. Hierzu kann man noch die Substanz, die Dauer und die Zahl hinzufügen." (7, 43)

An dem Punkt seiner Argumentation, an dem er diese Liste aufführt, gilt die Tatsache der klaren und deutlichen Wahrnehmung eines Dinges noch nicht als hinreichender Grund zur Annahme seiner Realität oder Wahrheit. Erst in der Fünften Meditation glaubt sich Descartes zu der Behauptung berechtigt, daß „Gestalt, Zahl, Bewegung usf.", wenn sie klar und deutlich wahrgenommen werden, real sind (7, 63–4). Aber auch das reicht noch nicht an den Schluß der Sechsten Meditation heran, wonach materielle Dinge wirklich existieren, Dinge, die Gestalt, Zahl usw. auch unabhängig von jedem Gedanken an diese Eigenschaften besitzen.

Descartes' Argumentation für die Existenz materieller Gegenstände (7, 78–80) ist sehr abstrakt und schwer in Kürze zusammenzufassen. Sie lautet folgendermaßen: Dinge, die sich klar und deutlich als voneinander verschiedene Dinge erfassen lassen, *sind* voneinander verschiedene Dinge, und zwar durch Gottes unbeschränkte Macht. Ich kann mich selbst klar und deutlich als getrennt von allem außer dem Denken erfassen, und deshalb bin ich eine denkende Substanz. Das Nachdenken über die Weisen, in denen ich mich selbst als denkende Substanz erfahre, bringt in mir ein passives Vermögen (eine Wahrnehmung) des Empfangens von Ideen zum Vorschein. Aber dieses passive Vermögen würde nichts fruchten, würde es nicht durch ein aktives Vermögen in Kraft gesetzt. Dieses aktive Vermögen nun, ganz gleich, um welches es sich handelt, gehört nicht zu meinem Wesen als denkendes Ding, denn wäre dem so, würde es sich um mein aktives Vermögen handeln, das meinem Willen unterliegt. Aber die aktive Fähigkeit kann nicht meinem Willen unterliegen, denn sinnliche Ideen werden oft sogar gegen den Willen erzeugt; überdies setzt die aktive Fähigkeit, um die es geht, kein Denken voraus; eine mir zugehörende aktive Fähigkeit würde aber genau das voraussetzen: Alle meine Willensakte sind bewußt, und das heißt, ich habe sie betreffende Gedanken. Die aktive Fähigkeit muß also in einer von mir unterschiedenen Substanz beheimatet sein.

Um welche Substanz es sich dabei handeln könnte, läßt sich aus den Erzeugnissen dieser aktiven Fähigkeit schließen, nämlich aus den Ideen meiner Einbildungskraft. Diese Ideen müssen objektive Realität und Ursachen von gleicher oder größerer formaler Realität besitzen. Die einzigen Ursachen, die diese Voraussetzungen erfüllen, sind die körperliche Substanz, die geistige Substanz und Gott. Gott hat uns nicht so ausgestattet, daß wir ihn selbst oder die geistige Substanz als unmittelbare Ursache unserer Ideen erkennen können. Jedoch *neigen* wir stark zu der Ansicht, daß die Bilder von Körpern hervorgebracht werden. Wären ihre Ursachen nicht Körper, dann würden wir uns in dem täuschen, was wir unserer Anlage nach denken müssen, und Gott setzt uns nicht dieser Art von Irrtümern aus. Demnach müssen die Ursachen von Bildern zur Kategorie der körperlichen Substanz gehören. Und somit existieren Körper.

Descartes erschließt die *Existenz* von Körpern aus der Existenz sinnlicher Bilder, warnt aber vor Schlüssen vom Inhalt sinnlicher Bilder auf die *Natur* von Körpern. Aus Erwägungen über die Quelle unserer Bilder, sagt er, folgt die Existenz körperlicher Dinge, aber, so fügt er hinzu:

> „sie existieren vielleicht nicht alle auf eine Weise, die genau meiner sinnlichen Wahrnehmung von ihnen entspricht, denn in vielen Fällen ist das sinnliche Erfassen sehr dunkel und unklar.

> Aber zumindest besitzen [körperliche Dinge] alle Eigenschaften, die ich klar und deutlich verstehe, das heißt, alle jene Eigenschaften, die allgemein betrachtet Gegenstand der reinen Mathematik sind." (7,80)

Mit dem „Gegenstand der reinen Mathematik" meint Descartes die „kontinuierliche Quantität" in der Geometrie und die numerischen Werte von Variablen und Konstanten in der Algebra. Es sind diese geometrischen und numerischen Züge von Körpern, die sie unabhängig von uns besitzen. Andere Eigenschaften, die den Körpern selbst innezuwohnen scheinen, wie ihre Farbe, Temperatur, Oberflächenbeschaffenheit und ihr Klang, sind nichts anderes als komplizierte Wirkungen der quantitativen Eigenschaften von Körpern – äußeren Körpern und unserer eigenen –, die unser Geist auf bestimmte Weise verzeichnet.

Aber wie genau sich qualitative Verschiedenheiten durch quantitative erfassen lassen, wird in den *Meditationen* an keiner Stelle genauer gesagt. Hierzu heißt es lediglich:

> „aus der Tatsache, daß ich durch meine Sinne eine Vielzahl von Farben, Gerüchen und Geschmäcken sowie Unterschiede in Wärme, Härte und ähnlichem wahrnehme, kann ich zu Recht schließen, daß die Körper, welche die Quelle dieser verschiedenen sinnlichen Wahrnehmungen sind, diesen Wahrnehmungen entsprechende Unterschiede besitzen, wenn sie den Wahrnehmungen vielleicht auch nicht ähneln." (7,81)

Etwas ausführlicher wird Descartes in diesem Zusammenhang in seiner Abhandlung *Über den Menschen* (11,174ff.), in der *Dioptrik* (6,130ff.) und in den *Prinzipien der Philosophie* (8A,318ff.) Der Grundgedanke ist der, daß die verschiedenen Farben, Gerüche, Geschmäcke etc. verschiedenen Weisen entsprechen, in denen die Nerven der verschiedenen Sinnesorgane durch die Einwirkung quantitativ unterschiedlicher äußerer Körper bewegt werden können.

Wie sollen sich nun Bewegungen im Nervensystem des Körpers in geistige Erfahrungen von Farbe, Geruch, Geschmack etc. übertragen? Descartes' Antwort auf diese Frage bleibt völlig unklar. Er sagt, Gott habe die Dinge so eingerichtet, daß eine solche Übertragung stattfinden könne. Offenbar läßt sich die Entsprechung zwischen den Erfahrungen des Geistes auf der einen und den Nervenbewegungen und Vorstellungen äußerer Gegenstände im Gehirn auf der anderen Seite nicht durch Naturgesetze erklären. Ja, diese Entsprechung ist nicht einmal eine notwendige. Gott hätte es auch so einrichten können, daß wir bei einem sinnlichen Reiz ganz andere Ideen von Gegenständen als die Ideen der Farben, Töne oder Gerüche haben (7,88).

Weshalb sollte der Geist überhaupt qualitative Vorstellungen von Körpern enthalten, wenn sich doch die Natur der Körper ohne weiteres in quantitativen Begriffen fassen läßt? Diese Frage ist einigermaßen dringlich, denn sie hängt mit den folgenden drei Thesen zusammen, die Descartes mit aller Entschiedenheit vertritt: daß Gott kein Betrüger ist; daß Gott uns immer dann qualitative Vorstellungen von Körpern haben läßt, wenn die Körper unsere Sinnesorgane affizieren; und schließlich, daß den Körpern selbst die Eigenschaften nicht innewohnen, die wir uns an ihnen vorstellen. Kann Gott nun wirklich kein Betrüger sein, wenn doch die Ideen von Körpern, die er uns haben läßt, die Körper nicht korrekt widerspiegeln? Descartes' Antwort auf dieses Problem besteht darin, daß er erstens darauf hinweist, daß die Ideen selbst gar nichts Irreführendes an sich haben. Sie bilden Körper in einer ganz bestimmten Weise ab, aber wir selbst ziehen den voreiligen Schluß, daß die Körper so sind, wie unsere Ideen sie darstellen. Und zweitens, sagt er, gereichen uns qualitative Vorstellungen von Körpern nur zum Wohl, denn in ihren qualitativen Aspekten können wir sie als nützlich oder schädlich erkennen. Anders gesagt dienen unsere qualitativen Vorstellungen unserem Überleben, indem sie uns lehren, was wir zu unserem eigenen Besten tun und lassen sollten (7,82 ff.; 8 A,41).

Diese Nützlichkeit qualitativer Vorstellungen von Körpern gilt für unsere eigenen Körper ebenso wie für äußere. Wir besitzen qualitative Vorstellungen unserer eigenen Körper, wenn wir Hunger, Durst, Schmerz, Lust oder – wenn auch auf andere Weise – Bewegung erfahren. Nun können uns diese Vorstellungen irreführen, weil sie uns zur Überzeugung neigen lassen, daß wir irgendwie untrennbar mit unseren Körpern verknüpft sind. Aber nach Descartes sind wir nichts als geistige Wesen oder denkende Dinge, verbunden mit Körpern, die sich von uns selbst durchaus unterscheiden. Dennoch ist es für unser Überleben ganz offensichtlich sehr hilfreich, wenn wir Schmerz, Hunger und Durst als unsere eigenen Empfindungen begreifen und nicht als Empfindungen in einem von uns getrennten Körper.

Qualitative Vorstellungen von Körpern helfen uns Descartes zufolge, unser Leben zu erhalten, und sie *müssen* uns nicht notwendig am Erwerb einer Wissenschaft von der Natur hindern. Denn qualitative Vorstellungen können in einem Geist zusammen mit Ideen der einfachen Naturen von Größe, Gestalt, Zahl, Ort usw. existieren, die uns einen Zugriff auf Körper unabhängig von deren qualitativen Eigenschaften erlauben.

17. Die Veröffentlichung der Physik

Die Abhandlung über Physik, die Descartes als Folgeband zu seinem Werk über Metaphysik plante, erschien erst mit Verzögerung. Er wollte 1641 mit der Niederschrift beginnen, mußte aber zunächst an den Erwiderungen zu den Einwänden gegen die *Meditationen* arbeiten. Das Jahr 1642 verbrachte er im wesentlichen mit Antworten auf gegen ihn und seinen Landsmann Samuel Desmarets gerichtete Traktate seines Utrechter Widersachers Voetius. In einem dieser Traktate wurde Descartes beschuldigt, ein Philosoph aus der Schule des 1619 in Toulouse wegen Atheismus verbrannten Lucillo Vanini zu sein. Vanini war vorgeworfen worden, durch absichtlich schwache Gottesbeweise den Glauben untergraben zu haben, und nun beschuldigte Voetius Descartes des gleichen Vergehens. Descartes setzte sich in einer eigenen Abhandlung gegen diesen und andere Vorwürfe heftig zur Wehr, und als er später durch Voetius' Machenschaften beinahe aus Utrecht ausgewiesen wurde, konnte er sich nur mit Hilfe hochgestellter Freunde behaupten. Trotz Voetius' starker und einflußreicher Stellung gelang es Descartes schließlich, den Magistrat von Utrecht davon zu überzeugen, daß Voetius eine Verleumdungskampagne gegen ihn organisiert hatte. Der Magistrat ergriff zwar keine Maßnahmen gegen Voetius, den seine Mitglieder bis dahin schamlos unterstützt hatten, aber er erließ im Juni 1645 ein Edikt, das die Publikation aller Schriften für oder gegen Descartes untersagte.

Voetius war Protestant. Bei katholischen Theologen stieß Descartes auf offenere Ohren. Antoine Arnauld, der Autor der sehr präzisen Vierten Einwände gegen die *Meditationen*, hatte Descartes schon geschätzt, bevor er mit der Prüfung von dessen Metaphysik beauftragt wurde. Auch machten sich Descartes' Bemühungen um die Gunst der Jesuiten, die er nach der Veröffentlichung des *Discours* und der *Essays* unternommen hatte, bezahlt, und seine Ansichten wurden freundlich aufgenommen. In seinem Brief an Dinet von 1642 (s. S. 82) hatte Descartes seinem Wunsch nach Veröffentlichung von bis dahin zurückgehaltenen Teilen seiner Philosophie Ausdruck gegeben, womit er seine Physik meinte. Dinet wollte vor einer Zustimmung bloß die Abschnittsüberschriften des geplanten Werkes sehen, die Descartes ihm 1643 auch sandte. Zu diesem Zeitpunkt konnte er sich auch der Unterstützung eines weiteren einflußreichen Jesuiten sicher sein, eines römischen Kirchenvertreters namens Etienne Charlet, und schließlich versöhnte er sich sogar mit Bourdin. Im Jahr 1643 erschien außerdem ein von einem Jesuiten verfaßtes Werk, das sich, zum Teil sogar wörtlich, auf die *Dioptrik* und die *Météors* bezog, und so schien die Zeit reif für die Publikation der Physik.

Doch eine Veröffentlichung der lange verworfenen Abhandlung *Die Welt* kam für Descartes nicht in Frage. Die darin enthaltene Lehre von der Erdbewegung war noch immer verboten, und die Vorstellung eines imaginären Universums, das sich als dem unseren völlig gleich erweist, konnte leicht zu Mißverständnissen führen. Descartes entschloß sich daher zur Abfassung eines Buches, das seine Philosophie als ganze darstellen sollte; die Physik sollte nur einen Teil dieses Werks bilden. Dazu mußte er sich auch einen neuen Stil suchen, wie er in einem Brief an Dinet erklärt:

> „Ich werde [meine Ansichten] nicht in der gleichen Ordnung und im gleichen Stil vortragen, wie ich es mir angewöhnte, als ich über viele Dinge schrieb, nämlich in der Abhandlung [gemeint ist *Die Welt*], deren Grundzüge ich in meinem *Discours* vorgestellt habe, sondern statt dessen werde ich mich eines Stils bedienen, welcher der gegenwärtigen Praxis der Schulen besser entspricht. Das heißt, ich werde ein Thema nach dem anderen

abhandeln, in kurzen Artikeln, und ich werde die Themen in einer solchen Ordnung vorbringen, daß der Beweis für das Spätere nur das früher Gesagte voraussetzt, so daß alles in einer einzigen Ordnung zusammenhängt." (7,577)

Descartes beschreibt hier ein mindestens zur Hälfte bereits niedergeschriebenes Buch, das unter dem Titel *Die Prinzipien der Philosophie* veröffentlicht werden sollte. Die *Prinzipien* erschienen 1644 in lateinischer Sprache und 1647 auf Französisch. Sie bestehen aus vier Teilen. Der erste faßt die Hauptpunkte von Descartes' Metaphysik zusammen, taugt aber keineswegs als Ersatz für die *Meditationen.* Deshalb verweist das Vorwort zur französischen Ausgabe den Leser für eine vollständige Darstellung der Descartschen Metaphysik auf das frühere Werk. Die drei anderen Teile sind der Physik gewidmet, ein fünfter Teil sollte sich mit den Pflanzen und Tieren beschäftigen, ein sechster mit dem Menschen, aber diese Teile des Werks sind offenbar unvollendet geblieben.

Zwischen dem zweiten Teil der *Prinzipien* und den ersten sieben Kapiteln von *Die Welt* bestehen weitreichende Überschneidungen. Descartes versucht, einige voreilige Annahmen über die Natur von Körpern richtigzustellen, geht dann zur seiner Ansicht nach korrekten Darstellung über und wendet sich anschließend der Natur der Bewegung zu sowie den Gesetzen der Natur und den sieben „Einwirkungsregeln". Diese Einwirkungsregeln wurden in den *Prinzipien* erstmalig formuliert, doch zur Darstellung der Descartschen Physik waren sie nicht eigentlich erforderlich. Auch die Definition der Bewegung war neu und sollte die Descartsche Lehre von der Hypothese über die Erdbewegung abgrenzen. Nach der neuen Definition (8 A, 53) ist Bewegung einfach ein Ortswechsel eines Körpers im Verhältnis zu anderen Körpern, die sich im Ruhezustand befinden. Die Erde ist somit bewegungslos im Verhältnis zu einem sie umgebenden Körper, der Erdatmosphäre. Newton sollte diese Definition später mit dem Argument kritisieren, daß sie folgende falsche Konsequenz nach sich ziehe: Teilchen im

Innern eines sich bewegenden Körpers sind im Ruhezustand, nicht aber Teilchen, die sich auf der Oberfläche des Körpers befinden.

Teil zwei der *Prinzipien* bietet eine Darstellung der Natur von Körpern, in deren Verlauf Descartes behauptet, daß es „keinen wirklichen Unterschied zwischen dem Raum und der körperlichen Substanz gebe“ (8 A, 46). Damit ist die Grundlage gelegt für Descartes' Leugnung des Vakuums, für seine Theorie der kreisförmigen Bewegung der Materie sowie für die – auch als Unterscheidung zwischen Primär- und Sekundärqualitäten bekannte – Unterscheidung zwischen Eigenschaften, die dem Körper innewohnen (wie Gestalt und Zahl), und solchen (wie Farbe und Geruch), die ihm nicht innewohnen. Obgleich von ganz entscheidender Bedeutung, wird die Behauptung, daß körperliche Substanz und Raum ununterscheidbar sind, d. h. daß Materie nichts als Ausdehnung ist, nur flüchtig begründet. Descartes setzt das, was der Materie wesentlich ist, mit den Eigenschaften gleich, die übrigbleiben, wenn alle jene Eigenschaften weggenommen werden, ohne welche sich ein Körper denken läßt.

Dieselbe Methode der Identifizierung des Wesens einer Substanz wendet er auch auf den Geist an, und in beiden Fällen sind die Resultate unbefriedigend. Descartes scheint folgendes anzunehmen: Wenn man mit einer Vorstellung vom Geist oder vom Körper beginnt und dann die Attribute abzieht, die als nicht essentiell angenommen werden, dabei aber genügend Attribute übrigläßt, um eine Substanz bestimmen zu können, dann wird diese Substanz dieselbe sein wie die ursprünglich vorgestellte. Dieser Gedanke stößt aber auf offensichtliche Schwierigkeiten, von denen einige schon an Descartes' eigenen Beispielen erkennbar werden. Nehmen wir an (7, 222), wir beginnen mit einer Vorstellung des menschlichen Körpers und ziehen dann alles ab bis auf die Vorstellung von etwas, das in der Lage ist, Tassen zu benutzen oder mehrere Tasten eines Klaviers gleichzeitig anzuschlagen. Man denkt sich dann noch immer eine Substanz, nämlich die Hand, aber nicht mehr die Substanz, mit der man begonnen hatte. Beginnt man ganz ähnlich mit der Vorstellung eines körperlichen Gegenstandes und nimmt dann alle Eigenschaften bis auf die Ausdehnung fort, dann mag man zwar zur Vorstellung von etwas gelangen, nämlich des Raumes, aber man gelangt auf diese Weise wohl kaum zur Vorstellung des Körpers oder des körperlichen Gegenstandes.

Descartes' Physik war aber nicht nur mit Problemen der Vorstellung und ihrer Begrifflichkeit belastet, man konnte mit ihr auch kaum Berechnungen anstellen. Sie verfügte über kein Maß für den Widerstand, erwähnte nicht einmal die Masse und war, was noch bedenklicher ist, noch weit davon entfernt, eine brauchbare Theorie der Schwerkraft zu bieten. Wir haben bei unserer Skizze der Abhandlung *Die Welt* schon sehen können, daß Descartes die Schwerkraft für eine Wirkung der Strudelbewegung der Materie hielt. Ebbe und Flut, die Bewegungen des Mondes um die Erde und das Gewicht von Körpern auf der Erde sollten alle durch eine Strudel- oder Wirbelbewegung mit der Erdachse als Mittelpunkt erklärt werden. Aber diese Wirbeltheorie konnte nicht die Gravitation irdischer Gegenstände zu den Polen hin erklären, und auf die himmlische Materie angewandt vertrug sich die Theorie nicht mit einigen bekannten Fakten in bezug auf die Planetenbewegungen. Newton wies dann in den 1680er Jahren auf einige dieser Schwierigkeiten hin und schlug statt der Wirbeltheorie eine mathematische Theorie einer universellen Anziehungskraft vor, und der Erfolg seines Erklärungsansatzes schwächte den Einfluß der Cartesischen Philosophie mehr als jede philosophische Kritik im ganzen 17. Jahrhundert. Der Teil seiner Philosophie, den Descartes am längsten zurückgehalten und unter sorgfältigsten Vorbereitungen veröffentlicht hatte, sollte am raschesten überholt sein. In der Tat trug die Newtonsche Physik mehr zum Ansehensverlust des Cartesischen Systems bei, als dessen Unvollständigkeit ihm geschadet hätte, wenn Descartes seine Physik überhaupt nicht veröffentlicht hätte.

Es wird nicht selten gesagt, daß die Schwächen von Descartes'

Wissenschaft schwerwiegend ausfallen mußten, weil diese Wissenschaft auf Spekulationen im Studierzimmer gründete, die Descartes kaum je experimentell zu erhärten versuchte. Doch das Bild eines Philosophen, der sich mit Freude apriorischen Spekulationen hingibt, beruht zum Teil auf einem Mißverständnis darüber, wie die allgemeinen Aussagen in Descartes' Physik abgeleitet sind. In den *Prinzipien* (9 B, 10) und schon im früheren *Discours* (6, 40) scheint Descartes anzunehmen, es könne, ausgehend von den beiden Prinzipien seiner Metaphysik („Ich denke, also bin ich" und „Gott existiert"), eine ununterbrochene Kette von Begründungen bis hin zu den Prinzipien in bezug auf materielle Dinge geben, die er in seiner Physik vorstellt. Klar ist, daß Descartes zu seinen metaphysischen Wahrheiten unabhängig von Experimenten oder Beobachtungen irgendeiner Art gelangt. Sind die Prinzipien seiner Physik einfach aus seiner Metaphysik herzuleiten, dann, so scheint es, müssen auch sie sich a priori formulieren und, im Gegensatz zu einigen populären Grundannahmen der wissenschaftlichen Methode, als wahr erkennen lassen – ganz unabhängig von allen Verifikations- oder Falsifikationsversuchen.

Dazu ist verschiedenes anzumerken. Erstens: Ganz gleich, ob dies dem von Descartes so geschätzten Muster einer ununterbrochenen Begründungskette entspricht, verfährt die wissenschaftliche Theoriebildung mit guten Ergebnissen *tatsächlich* oft apriorisch mit Hilfe von Gedankenexperimenten. Zweitens meint die „Ableitbarkeit" gewisser Prinzipien von anderen in Descartes' Sinn nicht die Behauptung, daß solche Prinzipien logisch aus anderen folgen und daher a priori als wahr erkannt werden können. Descartes verwendet „Ableitung" und verwandte Ausdrücke anscheinend, um den gedanklichen Übergang von einer Überlegung zu einer anderen ohne den Eintritt eines Zweifels oder einer Unklarheit zu beschreiben. Die Cartesische Deduktion scheint nicht zu fordern, daß die eine Überlegung tatsächlich aus der anderen im Sinne der formalen Logik *folgt*, denn oftmals setzt er „Ableitung" mit dem gleich, was er „Aufzählung" nennt, und Aufzählung mit dem, was zur Antwort auf eine „Frage" oder ein „Problem" führt, wenn die Frage erst einmal analysiert worden ist. Die Entwicklung einer Lösung aus Bestandteilen einer Frage kann in der Rekonstruktion von Wörtern aus Dingen, Ursachen aus Wirkungen, Summen aus Zahlen oder Substanzen aus Eigenschaften bestehen (10, 433, 471–2). „Ableitung" muß also durchaus nicht immer eine Form der Folgerung von Prämissen auf Schlüsse meinen, und wie wir oben schon in Verbindung mit Descartes' „Logik" gesehen haben, legt er sich mit seinen Begriffen der Demonstration und des Beweises nicht auf eine Seite der Unterscheidung a priori / a posteriori fest.

Und schließlich ist die Behauptung schlicht falsch, daß Descartes dem Experiment und der Beobachtung in der Physik keinen Platz eingeräumt habe. Zum „Allgemeinsten" in der Physik sollte man nach Descartes zwar auf nicht-experimentelle Weise gelangen können, aber eine ganze Reihe von Hypothesen, die *spezifische* Erscheinungen erklären sollten, mußten doch durch Experiment und Beobachtung erst erhärtet werden. Descartes führt sogar die Notwendigkeit so *vieler* Experimente zur Erklärung dafür an, daß er selbst keine Darstellung von allen bestimmten Körpern geben konnte, „die auf der Erde existieren, nämlich Mineralien, Pflanzen, Tiere und, vor allem, Menschen" (9 B, 17).

18. Die „anderen Wissenschaften“

Im Vorwort zur französischen Ausgabe der *Prinzipien* vergleicht Descartes die Philosophie mit einem Baum: Seine Wurzeln sind die Metaphysik, der Stamm ist die Physik, und die Äste „die aus diesem Stamm hervorwachsen, sind alle anderen Wissenschaften, die sich auf die drei hauptsächlichen, nämlich Medizin, Mechanik und Moral zurückführen lassen“ (9 B, 14). Sodann erklärt er, daß der Hauptnutzen der Philosophie eher von diesen Ästen als von Stamm oder Wurzeln gewonnen werde (9 B, 15). Eine Zeitlang, sagt er, habe er gehofft, daß die *Prinzipien* die Leser in den ergiebigsten Teil der Philosophie einführen würden, aber am Ende sei ihm klargeworden, daß ihm zu diesem Zweck die notwendigen Möglichkeiten fehlten. Seine Arbeiten zur Mechanik, Medizin und Moral blieben unvollendet, auch wenn er auf diesen Gebieten in den 1630er und späten 1640er Jahren einige Fortschritte machte.

Unter „Mechanik“ scheint Descartes das Studium der Art und Weise verstanden zu haben, in denen die Materie bestimmte Arten von Körpern bildet, wobei er u. a. an die Pflanzen, die Tiere und den menschlichen Körper dachte. Die Medizin befaßt sich mit den Ursachen und Erhaltungsmitteln des Lebens im menschlichen Körper. Die Moral ist das Studium der Leidenschaften und ihrer Kontrolle und das Studium der Wege, auf denen der Wille zum Guten und Bösen geleitet wird; sie setzt „ein vollständiges Wissen um die anderen Wissenschaften“ voraus und bildet „die höchste Stufe der Weisheit“ (9 B, 14). Während die Mechanik nicht unmittelbar von der Metaphysik abzuhängen scheint – verbunden werden sie durch die Physik –, basieren Moral und Medizin direkt auf der in der Sechsten Meditation entworfenen Lehre von Geist und Körper. Keinen dieser Gegenstände hat Descartes abschließend dargestellt. In den 1630er Jahren fertigte er eine Aufstellung der medizinischen Kenntnisse seiner Zeit an, aber die Hauptquelle seiner eigenen Theorie der Medizin scheint die unvollendete *Beschreibung des menschlichen Körpers* gewesen zu sein, an der er im Winter 1647/48 arbeitete. Für seine ethischen Auffassungen müssen wir uns auf sein letztes veröffentlichtes Werk *Die Leidenschaften der Seele* (1649) sowie auf eindringliche, aber verstreute Bemerkungen in seinen Briefwechseln mit Pierre Chanut, dem französischen Botschafter in Schweden, und mit der Prinzessin Elisabeth von Böhmen verlassen.

Der erste Teil der *Leidenschaften* führt über eine komplexe Reihe von Definitionen und physiologischen Theoriestücken aus früheren Werken zu einer Klassifikation der Leidenschaften und zu einer Diagnose des Konflikts zwischen den höheren und niedrigeren Teilen der Seele. Ganz allgemein ist eine Leidenschaft das, was einer Seele im Unterschied zu ihrem eigenen Handeln widerfährt. „Wahrnehmungen oder Modi der Erkenntnis" zählen in diesem allgemeinen Sinn zu den Leidenschaften (11,342). Im engeren Sinn bezeichnet der Ausdruck „Leidenschaft der Seele" aber nur jene Wahrnehmungen, „deren Wirkungen wir in der Seele selbst fühlen" (11,347), und zwar als Erregung oder als Störung der Seele.

Die Leidenschaften lösen im Körper Bewegungen aus, die sie durch Bewegungen der Zirbeldrüse hervorbringen (11,361). Konflikte zwischen den natürlichen Strebungen und dem Willen (über die Prinzessin Elisabeth von Descartes wiederholt Auskunft erbat) entstehen, wenn Seele und Körper zur gleichen Zeit gegensätzliche Bewegungen in der Zirbeldrüse erzeugen (11,364). Solche Konflikte lassen sich lösen, wenn die Seele auf der Grundlage des Wissens um Gut und Böse sichere Urteile fällt, an die sie sich auch hält (11,367). Aber auch Menschen ohne vernünftige Selbstbeherrschung können eine Macht über die Leidenschaften der Seele erlangen: Sie können von jenen angeleitet und geführt werden, bei denen die Vernunft die Oberhand hat.

Zum Streben nach Tugend gehört eine Lebensführung, die einen nie zu Selbstvorwürfen zwingt, weil man nicht das getan hat, was man für das Beste hielt (11,422). Descartes nennt dieses Streben „ein vorzügliches Heilmittel gegen die Leidenschaften", und allem Anschein nach wählt er hier ganz bewußt eine medizinische Ausdrucksweise, denn die persönliche Moral dient seiner Meinung nach offenbar dazu, die seelische Gesundheit zu bewahren, genau wie die Medizin die Gesundheit des Körpers erhält. Ja Descartes ging nicht nur von einer Parallele zwischen Moral und Medizin aus, sondern auch davon, daß die Moral von der Medizin abhängt. Zu den Maßnahmen für die Beherrschung der Leidenschaften zählte er bevorzugt ausgewogene Ernährung, Körperübungen sowie die Einnahme von Medikamenten und „Heilwasser". So befaßten sich Descartes und Prinzessin Elisabeth z. B. im Mai und Juni 1645 in ihren Briefen mit der Frage der Zuträglichkeit von Mineralwasser bei trockenem Husten und hartnäckigem Fieber. Descartes hatte schon zuvor Traurigkeit als Grund für das Fieber genannt, und nun empfahl er der Prinzessin, die Anwendung von Mineralwasser mit einer Art Meditation zu verbinden, die sie von traurigen Gedanken befreien sollte. Die Meditation sollte darin bestehen, das Grün des Waldes, die Farbe einer Blume, den Flug eines Vogels und weitere Dinge zu betrachten, die keine konzentrierte Aufmerksamkeit erfordern. Dabei sollte man allerdings an überhaupt nichts denken.

Die Ethik, wie Descartes sie sich vorstellte, war nicht bloß eine Frage der Beherrschung der Leidenschaften einzelner Menschen. Sie schloß auch den Gedanken des öffentlichen Wohls ein. Im allgemeinen, schrieb Descartes am 15. September 1645 an Prinzessin Elisabeth, sollte das Gemeinwohl über das Privatwohl gestellt werden. Diese Ansicht wurde durch eine Art metaphysische These untermauert, derzufolge das Ganze wichtiger ist als die Teile, das Universum wichtiger als die Erde.

19. Letzte Tage

Im Jahr 1649 verließ Descartes Holland in Richtung Schweden. Pierre Chanut, der französische Botschafter in Schweden, hatte im Auftrag von Königin Christina mit Descartes korrespondiert; die Königin hatte dem Philosophen, wie schon Prinzessin Elisabeth, Fragen über die Leidenschaften und Probleme der Moralphilosophie vorgelegt. Um seine brieflichen Ausführungen zu vertiefen, sandte Descartes ihr ein Exemplar seiner *Leidenschaften der Seele.* Christina war von dem Buch so stark beeindruckt, daß sie Descartes an ihren Hof einlud. Er zögerte zunächst, nahm die Einladung aber schließlich an.

Er hatte Grund, seines damaligen Gastlandes überdrüssig zu sein. Auf die lange Fehde mit Voetius in Utrecht folgte eine weitere Kontroverse in Leiden, an der sich wiederum Philosophen auf Descartes' Seite und Theologen auf der Gegenseite beteiligten. Descartes wurde der Ketzerei des Pelagianismus bezichtigt (der Leugnung der Erbsünde und der Behauptung einer möglichen Erlösung auch ohne göttliche Gnade); ein Professor namens Triglandius legte entsprechende Thesen vor, und Revius, der Vorsteher eines mit der Universität Leiden verbundenen theologischen Kollegs, schloß sich mit Blasphemievorwürfen gegen Descartes an. (Kurz zuvor hatte Descartes einen Versuch von Revius zurückgewiesen, ihn zum Protestantismus zu bekehren, was dieser ihm offenbar nachtrug.) Im Mai 1647 protestierte Descartes schriftlich bei der Universität und den Vertretern der Stadt gegen die Angriffe von seiten der Theologen, und er forderte seine Kritiker auf, ihre Vorwürfe mit Stellen aus seinen Schriften zu belegen. Schließlich wurde den Professoren in Leiden per Erlaß jede Erwähnung Descartes' in Thesen oder in der Lehre verboten. Um diese Zeit begann Descartes mit dem Gedanken zu spielen, Holland für immer den Rücken zu kehren.

Als die französische Ausgabe der *Prinzipien* veröffentlicht wurde, setzten sich einige Freunde Descartes' beim französischen König für ihn ein. Ihm wurde eine Pension gewährt, die er später nur mit Schwierigkeiten ausbezahlt bekam, und 1648 reiste er nach Paris, um sich um eine Stellung im Dienst des Königs zu bemühen. Die Reise verlief unbefriedigend. Descartes beklagte sich, daß man ihn als Exoten begaffte wie einen Elefanten oder einen Panther (5, 329). Er fühlte sich in Paris fehl am Platz; die Stadt wurde von politischen Unruhen erschüttert, und, schlimmer noch, Mersenne lag im Sterben. Ende August reiste er nach Holland zurück, und Mersenne starb am 1. September. Claude Clerselier nahm seinen Platz als wichtigster Briefpartner des Philosophen ein.

Descartes kehrte also mit leeren Händen nach Holland zurück und wurde dort mit einer neuen Auseinandersetzung konfrontiert. Regius, sein Verbündeter in der Kontroverse mit Voetius, wandte sich nun gegen ihn. 1646 hatte Regius gegen Descartes' Rat eine Abhandlung über Physik veröffentlicht, die im wesentlichen aus Anleihen von Descartes und falschen Darstellungen seiner metaphysischen Ansichten bestand. Descartes hatte Regius' Abhandlung 1647 im Vorwort zur französischen Ausgabe der *Prinzipien* kritisiert, und Regius reagierte mit einem Traktat, den Descartes 1648 – in einem Text mit dem Titel *Bemerkungen über ein gewisses in den Niederlanden gegen Ende 1647 gedrucktes Programm* – wiederum Punkt für Punkt widerlegte.

Die vielen Enttäuschungen und Streitigkeiten der späten 1640er Jahre hätten aus Descartes (der damals in Egmond, einem Ort in der Nähe von Alkmaar, wohnte) einen wirklichen Einsiedler machen können, aber er empfing nach wie vor Besucher. Einer dieser Besucher, ein junger Mann namens Frans Burman, zeichnete ein langes philosophisches Tischgespräch mit dem Philosophen vom

April 1648 auf. Burman legte ihm einen ausführlichen Fragekatalog vor, auf den Descartes mit erstaunlicher Direktheit und Geistesgegenwart eingegangen zu sein scheint.

1649 erhielt er zwei Einladungen an den Hof in Stockholm. Königin Christina nutzte Descartes' Mißerfolg in Frankreich und ergriff die Gelegenheit, ihren Hofstaat um eine kostbare Erwerbung zu bereichern. Der Philosoph nahm diese Einladungen nicht gleich an. Er fürchtete, seine Übersiedelung nach Schweden könnte einen schlechten Eindruck machen: Zum einen war er Katholik und konnte nicht leicht an einen protestantischen Hof gehen, und zum zweiten wollte er den Anschein vermeiden, die Königin von ihren Staatsgeschäften abzulenken. Schließlich entschied er sich, im Spätsommer 1649 trotz seiner Bedenken nach Stockholm zu reisen.

Kaum war er dort angekommen, bedauerte er auch schon seine Entscheidung. Seine Dienste als Philosoph wurden selten und zu unpassenden Zeiten in Anspruch genommen; die Königin nahm ihre Stunden am liebsten um fünf Uhr morgens. Descartes' Freund Chanut, auf dessen Gesellschaft er gezählt hatte, kam erst im Dezember 1649 in Stockholm an. Der Philosoph wurde genötigt, ein Ballettprogramm zu verfassen, und schrieb anschließend an einer Komödie über zwei Prinzen, die sich für Schäfer halten. Der schwedische Winter bedrückte ihn, er wurde krank und starb am 11. Februar 1650.

20. Descartes' Geist

Descartes' Schriften wurden 1663 von der römisch-katholischen Kirche auf den Index gesetzt. Nach seinem Tod wurden Klagen erhoben, er habe bei seinen naturwissenschaftlichen Studien keinen Raum für Gott gelassen. Dabei traten die Jesuiten, um die er sich so bemüht hatte, an vorderster Front für das Verbot seines Werks ein. Die Verdammung von 1663 leitete eine lange Reihe von Verboten ein, die 1691 in einem königlichen Bann gegen die Verbreitung aller Lehren Descartes' an französischen Schulen gipfelte. Wenige Jahrzehnte später hatte sich die Newtonsche Physik durchgesetzt, und diejenige von Descartes galt als überholt. Mehr Beachtung fanden hingegen seine Metaphysik sowie seine Logik und Ethik, über die in Frankreich und anderswo kritische Deutungen bzw. Ausarbeitungen zu erscheinen begannen.

In den beiden Jahrzehnten nach seinem Tod wurde „cartesianisch" zu einem Etikett für jedermann, der sich dem Programm einer „vollständigen Philosophie" verschrieb, wie es im Vorwort zur französischen Ausgabe der *Prinzipien der Philosophie* skizziert worden war. Dort hatte Descartes gesagt, daß der zweite, dritte und vierte Teil der *Prinzipien* alles enthalte, was in der Physik allgemein galt (9 B, 16), daß aber zur Formulierung einer vollständigen Wissenschaft der materiellen Substanz mehr erforderlich sei. Die *Prinzipien* enthielten Formulierungen der Naturgesetze, eine kosmologische Theorie oder Darstellung der Verfassung und Entwicklung des physischen Universums sowie eine Erklärung der verbreitetsten irdischen „Elemente" oder Körper und ihrer Eigenschaften. Aber über die „besonderen Körper", nämlich Mineralien, Pflanzen, Tiere und vor allem den menschlichen Körper, war noch vieles offengeblieben.

Um dieses fehlende Material herbeizuschaffen, sagt Descartes, seien Beobachtungen und Experimente erforderlich, die für einen einzelnen Mann zu zahlreich und zu kostspielig seien (9 B, 17). An diese Beobachtungen und Experimente machten sich nun die frühen Cartesianer. Sie arbeiteten mit den im zweiten Teil der *Prinzipien* formulierten Bewegungsgesetzen, mit der Theorie der Strudel oder Wirbel der Materie aus dem dritten Teil und mit der Lehre von der feinen Materie aus den Teilen drei und vier; tatsächlich versuchten Wissenschaftler wie Jacques Rohault und Pierre Sylvain in Frankreich oder Johannes Clauberg in Holland und Deutschland, die Descartsche Physik zu vervollständigen. Ihr Forschungseifer erlahmte, als schwerwiegende Fehler in der cartesischen Theorie der Schwerkraft und der Planetenbewegung und -position durch Newton korrigiert wurden. Dessen völlig andersartige Theorie legte den Begriff der Kraft zugrunde (universelle Anziehungskraft), für den Descartes keine Verwendung gehabt hatte.

Im Vorwort zur französischen Ausgabe der *Prinzipien* hatte Descartes über die Selbstunterweisung in der Philosophie geschrieben und empfohlen, sich zunächst mit der Metaphysik und erst danach mit der Physik und sich zunächst mit der Logik und erst danach mit der Metaphysik zu befassen:

> „Ich meine nicht die Logik der Schulen, denn diese ist strenggenommen nichts als eine Dialektik, die lehrt, anderen darzulegen, was man selbst schon weiß, oder gar ohne eigenes Urteil über Dinge zu befinden, von denen man nichts weiß ... Ich hingegen meine die Art Logik, die uns lehrt, unseren Verstand mit Blick auf die Entdeckung der Wahrheiten zu leiten, die wir noch nicht kennen." (9 B, 13–14)

Wir haben uns von dieser „Logik" bereits in früheren Kommentaren zu den *Regulae* und den im zweiten Teil des *Discours* angeführten vier Regeln einen Eindruck verschafft. Nach Descartes' Tod gaben Antoine Arnauld und Pierre Nicole im Jahr 1664 *La Logique, ou l'art de penser (Die Logik oder die Kunst des Denkens)* heraus, in der die zu Descartes' Lebzeiten nicht veröffentlichten, aber in seinem Nachlaß aufgefundenen *Regulae* aufgenommen und erweitert wurden. Arnauld und Nicole waren nicht die ersten und nicht die einzigen Anhänger Descartes', die die neue „Logik" auszuformulieren suchten. Der schon erwähnte Johannes Clauberg unternahm den gleichen Versuch.

Auch die Arbeiten anderer Philosophen, Wissenschaftler und Theologen lassen sich als Beiträge zur Vollendung von Descartes' Programm verstehen. Der flämische Philosoph Arnold Geulincx schrieb 1655 eine cartesianische Ethik, und neben ihm gibt es eine ganze Reihe anderer Philosophen, die sich um die Klärung der vielen Schwierigkeiten der Cartesischen Metaphysik bemühten. Die frühen Kommentatoren waren vor allem mit Problemen in Descartes' Lehre der Ideen und der Beziehung von Geist und Körper beschäftigt, aber auch mit der Cartesischen Theorie der Kausalität und der metaphysischen Theorie der Beziehung zwischen Substanz und Attribut. In den Kontroversen über die Metaphysik nach Descartes' Tod spielten Arnauld, Nicolas Malebranche und Simon Foucher eine wichtige Rolle. Leibniz und Spinoza errichteten Systeme, die in gewisser Weise cartesianischer – d. h. noch strenger deduktiv – sein sollten als Descartes' eigenes System. In England wandte sich John Locke gegen die Angeborenheitsthese der Cartesischen Erkenntnistheorie, hatte aber gegen eine Theorie der Ideen nichts einzuwenden. Beeinflußt durch Malebranche, unternahmen auch George Berkeley und David Hume eine Kritik und Revision der Cartesischen Theorie der zwei Substanzen und einer kausal wirksamen materiellen Substanz. Das Werk all dieser Autoren ist für das heutige Studium Descartes' weit wichtiger als das der cartesianischen Physiker und Moralisten, denn der Descartes, der auch heute noch durch unser Denken spukt, ist der Geist eines Philosophen, nicht eines Physikers, Mediziners oder Ethikers.

Abgesehen von den Bewunderern von Descartes' Angeborenheitsthese in der Linguistik gehen die meisten Philosophen heute von der Notwendigkeit aus, Descartes' Geist abzuschütteln. Die Kraft der Cartesischen Philosophie läßt sich schon daran ermessen, daß ihre „Beerdigung" noch immer andauert. Noch immer bringen Philosophen ausführlich ihre kritischen Einwände gegen Descartes' Theorie der Ideen vor, gegen seinen Dualismus, seine Ansicht, daß die Wissenschaft ihren Ausgang von selbstevidenten Prinzipien nehmen müsse, sowie gegen seinen Glauben, daß es in der Philosophie im Kern um Fragen des Wissens gehe. All diese Lehren schließen sich zu einem System zusammen, was zum Teil ihre bleibende Kraft erklärt. Sie alle wurden im Zuge einer einzigen Aufgabe formuliert, nämlich zu zeigen, daß ein mathematisches Verständnis der physikalischen Welt objektiver sei als ein aus den Sinnen gewonnenes und daß der menschliche Intellekt zu einer solchen objektiveren Auffassung gelangen kann. Descartes' Ausarbeitung all dieser Dinge steckt zweifellos voller Irrtümer, soviel wenigstens haben ganze Generationen von Kritikern gezeigt. Aber diese Kritik wäre nicht so langlebig gewesen, wären die Philosophen nicht immer noch von Descartes' Aufgabe in Bann geschlagen. Und das sind sie. Noch immer sind sie sich nicht darüber einig, von welchen Gegenständen wir ein zunehmend objektives Verständnis gewinnen können. Der Hintergrund dieser aktuellen Debatten ist, daß wir heute ein immer klareres Bild davon haben, wie wir zu einem besseren Verständnis der *materiellen* Welt kommen können. Eine frühe Version dieses Bildes verdanken wir Descartes. Das macht es für uns so schwierig, seinen Geist aus unserem Denken auszutreiben.

Literaturhinweise zum Weiterlesen

Biographien

Die erste Biographie von Descartes war Adrien Baillets *La Vie de Monsieur Descartes,* die 1691 erschien (später u.a. Paris 1946, Nachdruck Genf 1970). Neuere Darstellungen des Lebens Descartes', die in einigen Punkten Baillet verbessern, sind Charles Adam: *Vie et œuvres de Descartes* (1910; AT, Bd. 12), worauf ich mich in vielem gestützt habe, sowie Jack Vrooman: *René Descartes: A Biography* (New York 1970) und Stephen Gaukroger: *Descartes: an intellectual biography* (Oxford 1995), der die wissenschaftlichen Werke Descartes' ausführlich bespricht.

Descartes' wissenschaftliche Arbeiten

Neben Gaukrogers Biographie gehört Daniel Garbers hervorragendes Buch *Descartes' Metaphysical Physics* (Chicago 1992) zu den wenigen neueren Büchern, die sich mit Descartes als Philosophen *und* Wissenschaftler befassen. Schon etwas älter, aber immer noch empfehlenswert ist Jonathan Rée: *Descartes* (London 1974). Über Descartes' Philosophie und Wissenschaft informieren auch Desmond Clarke: *Descartes' Philosophy of Science* (Manchester 1982) sowie der von Stephen Gaukroger herausgegebene Band *Descartes: Philosophy, Mathematics, and Physics* (Brighton 1980).

Die wissenschaftlichen Leistungen Descartes' werden mit einiger Gründlichkeit von J. F. Scott in *The Scientific Work of René Descartes* (London 1952) vorgestellt. Nützliche Hinweise finden sich auch im Kapitel über Descartes in Band 7 von Lynn Thorndikes: *History of Magic and Experimental Science* (New York 1958).

Einen allgemeineren Überblick gibt Gerd Buchdahl: *Metaphysics and the Philosophy of Science: The Classical Origins – Descartes to Kant* (Oxford 1969).

Philosophie

Zu den vielen guten Büchern über Descartes' Philosophie zählen: Anthony Kenny: *Descartes: A Study of his Philosophy* (New York 1968), Harry Frankfurt: *Demons, Dreamers and Madmen: The Defence of Reason in Descartes's Metaphysics* (Indianapolis 1970), Bernard Williams: *Descartes: The Project of Pure Enquiry* (Harmondsworth 1978), E. M. Curley: *Descartes Against the Sceptics* (Oxford 1978), Margaret Wilson: *Descartes* (London 1978) sowie John Cottingham: *Descartes* (Oxford 1986). Neuere Sammelbände zu Descartes' Philosophie sind u. a.: John Cottingham (Hrsg.): *The Cambridge Companion to Descartes* (Cambridge 1992), Stephen Voss: *Essays on the Philosophy and Science of Descartes* (Oxford 1993) sowie John Cottingham (Hrsg.): *Reason, Will and Sensation: essays on Descartes's Metaphysics* (Oxford 1994). Roger Ariew und Marjorie Grene (Chicago 1995) haben einen Band mit Aufsätzen über die Gegner der *Meditationen* herausgegeben, in dem sich auch Beiträge führender französischer Descartesforscher finden.

Ethische und medizinische Werke

Texte und Briefe über das, was Descartes „Moral" nannte, hat John Blom ins Englische übertragen: *Descartes: His Moral Philosophy and Psychology* (Hassocks 1978).

Eine Darstellung und Interpretation der medizinischen Schriften Descartes' hat Richard Carter: *Descartes's Medical Philosophy* (Baltimore 1978) vorgelegt.

Descartes' Einfluß nach seinem Tode

Den Cartesianismus in der Philosophie nach Descartes' Tod behandeln Norman Kemp Smith: *Studies in the Cartesian Philosophy*

(London 1902) sowie Richard Watson: *The Downfall of Cartesianism 1673–1712* (Den Haag 1966).

Den Einfluß der Cartesischen Theorie angeborener Ideen auf die Linguistik wird in Teil 3 von S. Stich (Hrsg.): *Innate Ideas* (Berkeley 1975) diskutiert.

Hinweise auf Reaktionen gegen Descartes in der späteren Philosophie bieten Rée (siehe oben) wie auch Richard Rorty: *Philosophy and the Mirror of Nature* (Oxford 1980).

Deutschsprachige Literatur zu Descartes*

Beckermann, Ansgar: *Descartes' metaphysischer Beweis für den Dualismus,* Freiburg/München 1986

Cassirer, Ernst: *Descartes. Lehre – Persönlichkeit – Wirkung,* hrsg. von R. A. Bast, Hamburg 1995

Kemmerling, Andreas: *Ideen des Ichs. Studien zu Descartes' Philosophie,* Frankfurt a. M. 1996

Kemmerling, Andreas und Schütt, Hans-Peter (Hrsg.): *Descartes nachgedacht,* Frankfurt a. M. 1996

Perler, Dominik: *Repräsentation bei Descartes,* Frankfurt a. M. 1996

Perler, Dominik: *René Descartes,* München 1998

Schütt, Hans-Peter: *Substanzen, Subjekte, Personen. Eine Studie zum Cartesischen Dualismus,* Heidelberg 1990

Specht, Rainer: *Descartes,* Hamburg [2]1980

Williams, Bernard: Descartes. *Das Vorhaben der reinen philosophischen Untersuchung,* Königstein/Ts. 1981

* Ausgewählt von Professor Dr. Andreas Kemmerling

Index

Menschen und Ideen, die unsere Welt verändert haben

Wilhelm Geerlings
Augustinus

Augustinus gilt vielen als der „erste moderne Mensch". Seine Grundgedanken werden im Zusammenhang seiner bewegten Biographie deutlich.

Thomas Buchheim
Aristoteles

Niemand hat unser heutiges wissenschaftliches Denken so sehr geprägt wie Aristoteles.

Martin Gessmann
Hegel

„Was vernünftig ist, ist wirklich, und was wirklich ist, das ist vernünftig." Seine Denkmethode, die auch sehr komplexe Sachverhalte zu fassen vermag, bleibt bis heute aktuell.

Klaus Fischer
Einstein

Mit seiner Relativitätstheorie hat er unser Weltbild revolutioniert. Stationen im Leben des großen Physikers und charismatischen Pazifisten und die Bedeutung seiner grundlegenden Einsichten.

Michael Bordt
Platon

Eine prägnante Einführung in Platons Ideen, in Hintergründe und Konsequenzen seines Denkens und eine kleine Einleitung ins Philosophieren überhaupt.

Vittorio Hösle / Christian Illies
Darwin

Darwin hat das Bild des Menschen von sich selbst, von der Weltordnung und vom Leben revolutioniert. Eine Einführung in Darwins Leben und Werk, die die bleibende Relevanz, aber auch die Grenzen seiner Ideen aufzeigt.

Anthony Stevens
C. G. Jung

C. G. Jungs Tiefenpsychologie ist zum festen Bestandteil unseres Denkens über die menschliche Seele geworden. „Sehr gelungen und ausgewogen. Etwas vom Besten, was ich je von Jung in dieser Kürze gelesen habe“ *(Verena Kast).*

Ernstpeter Maurer
Luther

Martin Luther hat unser Verständnis von Freiheit, Vernunft, Gnade und Glauben bis heute geprägt und unsere Wirklichkeit nachhaltig verändert.

Anthony Kenny
Thomas von Aquin

Thomas von Aquin hat die Stellung des Menschen in der Schöpfung neu bestimmt und Antike und Christentum in einer einzigartigen Synthese zusammengedacht.

C. C. W. Taylor
Sokrates

Ohne Sokrates hätte sich das westliche Denken anders entwickelt. Aufgrund seiner moralischen und intellektuellen Integrität gilt er bis heute als Idealtypus des philosophischen Lebens.

Richard Tuck
Hobbes

Überraschende Aspekte eines großen politischen Denkers – die spannende Einführung in das Leben eines der wichtigsten Philosophen der frühen Neuzeit.

Stillman Drake
Galilei

„Und sie bewegt sich doch", dieser Satz machte Galileo Galilei weltberühmt – und zum Ketzer.

Michael Tanner
Nietzsche

Mit Sätzen wie „Gott ist tot" formulierte Friedrich Nietzsche einen Nihilismus, dessen Auswirkungen auf das 20. Jahrhundert immens waren. Ein „Erdbeben" seiner Epoche (Gottfiried Benn).

A. C. Grayling
Wittgenstein

Wittgensteins originelles und faszinierendes Denken reichte weit über die Grenzen der Philosophie hinaus und machte weltweit Schule. Eine glänzende Einführung, „fundiert und klar" *(Times).*

Roger Scruton
Kant

Immanuel Kants Philosophie begründete eine neue Sicht des Menschen. Was Freiheit, Vernunft, Moral, was objektiv und wirklich ist – Kant bleibt die Schlüsselfigur modernen Denkens.

Anthony Storr
Freud

„Wir alle »sprechen« Freud, ob korrekt oder nicht. Er ist und bleibt unvermeidlich“ (Peter Gay).

Michael Inwood
Heidegger

Der einflußreichste deutsche Denker des 20. Jahrhunderts: Martin Heidegger hat die menschliche Existenz in der modernen technikbestimmten Welt grundlegend neu gedacht.

Robert Wokler
Rousseau

Jean-Jacques Rousseau – eine zentrale Gestalt der europäischen Aufklärung und auch ihr gewaltigster Kritiker. Ein mächtiger Denker, Pädagoge und immer noch aktueller Gesellschaftskritiker.

Iring Fetscher
Marx

Mit seinen Analysen und Visionen wurde Karl Marx zum Vordenker moderner Revolutionen. Seine Fragen zu Gesellschaft und Individuum, Ökonomie und Arbeit sind unverändert aktuell.